极限生存战略

穆胜 ◎ 著

EXTREME SURVIVAL
STRATEGY

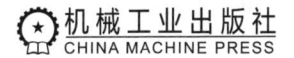

机械工业出版社
CHINA MACHINE PRESS

本书分为三篇。上篇开启主题。首先把企业置于最严苛环境的假设中，回归理性的财务视角，总结企业在寒冬中失败的几种主要可能，从而发现成功生存秘诀，扫描出一切可以提高生存概率的机会，以便提前将企业校准调整到最佳状态。中篇论证方法。本部分总结出了以效能为导向构建核心竞争力、谋求在牌局中"不退场、求不败"的做法，即"极限生存战略"。下篇落地实践。如何在效能的理性和组织的温度之间平衡，如何让组织变革不仅不会冲击组织氛围、激化劳资矛盾，反而会强化战斗精神，塑造"类合伙文化"，针对这些问题本部分提出了实践方法。

图书在版编目（CIP）数据

极限生存战略 / 穆胜著 . -- 北京：机械工业出版社，2025.7. -- ISBN 978-7-111-78413-5

I. F272

中国国家版本馆 CIP 数据核字第 2025M9B144 号

机械工业出版社（北京市百万庄大街 22 号　邮政编码 100037）
策划编辑：孟宪勐　　　　　　　　　责任编辑：孟宪勐　杨振英
责任校对：王文凭　张慧敏　景　飞　责任印制：任维东
北京科信印刷有限公司印刷
2025 年 7 月第 1 版第 1 次印刷
170mm×230mm・13.75 印张・1 插页・150 千字
标准书号：ISBN 978-7-111-78413-5
定价：79.00 元

电话服务　　　　　　　　　　网络服务
客服电话：010-88361066　　　机　工　官　网：www.cmpbook.com
　　　　　010-88379833　　　机　工　官　博：weibo.com/cmp1952
　　　　　010-68326294　　　金　书　网：www.golden-book.com
封底无防伪标均为盗版　　　　机工教育服务网：www.cmpedu.com

EXTREME SURVIVAL
STRATEGY

前　言

直面大考

过去的几十年里，中国经济飞速增长，时势造就了大量的明星企业和企业家。中国人民勤劳智慧，在宏观经济的沃土里，出现百花齐放的局面并不稀奇。

一些企业和企业家因为夺目的业绩而闪耀，不仅在国内商界叱咤风云，甚至一度在国际上大肆并购，在很长一段时间里，成为媒体的宠儿。

于是，过去一度追随现代管理理论和方法的商界人士，开始转头追捧国内的明星企业。明星企业自然也乐于总结自己的"独门秘籍"。一方面，流量可以带来很多好处；另一方面，企业还真心是将自己过去的成功归结于此。

在中国管理理论与方法爆炸的年代，"重新定义""颠覆""突破"

成为高频词，每个成功企业都有自己的一味"特效药"，每个成功企业的老板都有自己独树一帜的经典语录，引得那些渴望增长的年轻企业蜂拥而至，恨不得原版复制，动不动就经典诵读。但在若干次的喧嚣之后，这些企业并没有因为这些"特效药"和语录而得到竞争力的提升。

真实的现状是，对于"定战略"和"建组织"这两个核心命题，很多中国企业并没有足够深邃的理解。它们的"战略"更多是来自老板基于某些信息优势的灵光一现，而并非来自严密的分析框架与计算逻辑；它们的"组织"更是趋向"匪帮"，老板成了带头大哥，内部形成错综复杂的依附关系，自然也伴随着太多的大企业病。

这些企业的战略和组织水平似乎都是随业绩"波动的"。企业业绩好了，它们的战略和组织就成为标杆；业绩差了，它们的战略和组织就会遭到无数的质疑。更多"玄学式"的解释，则把成败都归于企业的文化或价值观。一旦企业失败，就会有专家跳出来说："这个企业之所以走到今天，就是因为忘记了初心，失去了价值观的坚守。"**在战略与组织这两个领域，中国企业的沉淀尚不深厚，大量成功者的业绩增长并不是来自这两个驱动因素，更多还是来自时代的红利。**

但是，所有凭运气赚来的，都可能靠实力亏出去。如果没有对战略与组织的深度理解，企业就不可能一砖一瓦地累积出足够的竞争力，当面临商业环境的大考时，它们就很难生存。

当前的商业环境，显然是一次"奥赛级大考"。宏观经济下行压力加大、国际贸易摩擦、内需有待提振、新兴技术冲击、新代际员工入职……**这些因素的叠加，汇聚为一种超级不确定性，对企业的考验**

之大，前所未有。面对大考，各行各业都受到了冲击。在过去的几年里，但凡有企业家群体的聚会，最能让大家产生共鸣的，还是对于商业环境的讨论。

讨论声中既有对环境的抱怨，也不乏对环境的期待。但我们必须认识到的是，环境这个外部因素的问题无解，企业只能将其界定为约束条件，而后向内求解。从这个角度看，如果环境的不确定性让企业生存维艰，只能说明它们不具备足够的竞争力。如果企业的竞争力不足，要么它们的战略不够理性，要么它们的组织不够坚韧。

现实是，有大量的中国企业求生存的方式不是"向内求"，而是"向外求"。抱怨环境和期待环境的其实是同一类人，他们都希望天降红利来解救自己。他们从来不觉得自己有问题，因为以前就是这样生存的，甚至过去的他们还生存得相当不错。于是，我们看到环境迅速变化的同时，大量企业依然行动迟缓，除了喊出一些"降本增效""二次创业""重新出发"的口号，除了狠抓一些细枝末节的成本费用，它们毫无作为，依然是念念不忘老模式，跟跟跄跄走老路。

在前几年，我不断预警未来商业环境的复杂，不停提醒一些企业老板，要聚焦，要减负，要启动组织变革，要创新激励机制，要抓住奋斗者……得到的答案大多都是"您说的对"，但收获的行动依然只是"先这样吧"。所以，直到不确定性叠加，如"疯狗浪"⊖般涌来时，

⊖ "疯狗浪"是一种长波浪，是由各种不同方向的小波浪汇集而成，在遇到礁石或是岸壁即突然强力撞袭时卷起的猛浪。据台湾海洋大学许明光、曾俊超等调查，"疯狗浪"一词是从1986年起才出现在报纸杂志上的。惠普前高管、未来学家乔纳森·布里尔在其著作《疯狗浪》(*Rogue Waves*)中引用了这个概念来比喻商业环境，他提醒道，企业应该要具备适应变化的"意识"，知道"疯狗浪"的强大破坏力以及为何它能使公司沉没。

这些企业顿时就方寸大乱。

听得懂、动得快的企业，毕竟是少数。大多数企业和企业家对于不确定性明显准备不足，他们并没有提前进入极限生存的状态。所有的仓促，都是在为认知买单。他们中的大多数，错把红利当本事，并没有客观审视自己的竞争力。说得夸张一点，过去中国商业社会中的浮躁，那些重视机会、轻视原理的思维定式，让大家在面对这次"奥赛级大考"时原形毕露。**直到此时，才会有人开始意识到，所谓商业领域的"沉淀"，是指企业"踩过的坑"和"迈过的坎"，只有那种在纯市场规律里经历无数次"试错→总结"打磨出来的认知，才是真正的认知。**

是时候在商业原理上重新补课了，但留给那些困难企业的时间却不多。正如，我们大可以建议一位初入职场的年轻人重新系统学习商业知识，但如果他马上就要接班担任企业的 CEO，这种建议就有点儿不切实际。于是，我想基于"极限生存"这种设定，规划出一系列从战略到组织的简洁而必要的调整，让企业重新回到累积竞争力的正确轨道上，而不是成为机会主义者。刚好，在这几年严苛的商业环境里，穆胜咨询也辅导了若干积极自救的企业，相信我们沉淀下来的若干原创方法与实践经验，可以助力那些渴望改变的企业。

我将这套方法论称为"极限生存战略"，它既是对战略的重新审视，也是对组织的重新设计；既有精心打磨的理论基石，也有快速落地的实践方法；既是我对自己战略观和组织观的高度浓缩，也是企业从外到内进行变革求生的系统方案。

本书分为三篇：

上篇是极限生存理念，主要是明确企业生存与死亡的规律。本篇通过分析企业走向死亡的原因与路径，找到了失败企业在战略与组织认知上的顽疾，也为后续导入方法进行了铺垫。

中篇是极限生存战略，正式提出了"极限生存战略"这个概念，并给出在需求侧锁定目标、在供给侧形成方案、在不同业务之间进行投资组合的三个支柱方法。本篇在介绍方法的同时，也给出了一个最关键的"杠杆解"——极限生存战略的决胜点是累积效能优势，而在人效和财效两类效能中，人效又是重中之重。

下篇是极限生存行动，主要阐述了将"极限生存战略"在企业内落地的具体操作。企业应该基于对财报的重新分析，开启"定战略→做解码→调组织→锁预算"的四步行动。而在四步法中，"调组织"是关键步骤，它可攻可守，无论是对于那些追求速赢的企业，还是对于那些力图长远的企业，都是再合适不过的切入点。当然，如果希望通过"调组织"来彻底重塑竞争力，企业还需要经过一关最难的考验——变革中后台（职能部门）。

我深知，在这个信息爆炸的轻阅读时代，一本商业著作的影响非常有限，但作为一名学者和实践者，我也坚信自己有必要用这些观点发出微微光亮。

最后想说的是，我只能谈谈当下对于商业规律的一家之言，唯愿"极限生存战略"能对那些愿意与机会主义告别的企业与企业家有所帮助。

EXTREME SURVIVAL STRATEGY

目 录

前言　直面大考

上篇　极限生存理念

第一章　企业只有一种死法　　　　　　　　　　2
　　　　一个故事　　　　　　　　　　　　　　4
　　　　两条企业家精神　　　　　　　　　　　5
　　　　企业破产的本质　　　　　　　　　　　7

第二章　企业的生死命脉　　　　　　　　　　　10
　　　　核心竞争力是知识　　　　　　　　　　11

	核心竞争力建在组织上	14
	个人英雄主义的歧途	17
第三章	**"血槽"怎么会耗光**	**20**
	支出耗散的逻辑	22
	费用的浪费最可怕	24
	两个视角看浪费根源	29
第四章	**组织设计怎么走偏的**	**34**
	冲动1：精细分工	36
	冲动2：无限分层	38
	冲动3：细化流程	41
	根源还在"主席台"	44
第五章	**揭秘战略观的三个误区**	**47**
	误区1：重视战略，藐视组织	48
	误区2：甩锅组织，战略狂妄	51
	误区3：割裂战略与组织	54

中篇　极限生存战略

第六章	**什么是极限生存战略**	**58**
	穆胜的战略观	59
	重新锚定战略	63

	重新锚定组织	66
	极限生存战略	70

第七章　寻找灯塔客群的有效需求　　75

客户分类矩阵	77
锁定灯塔客群	79
挖掘有效需求	83
停止你的孤芳自赏	86

第八章　把核心竞争力建在组织上　　89

在客户体验上赛跑	90
"端到端"的组织设计	92
唯二的两种组织选择	96
战场上打出来的是将军	99

第九章　创造效能优势的投资组合　　103

"All In"与"端水"	105
聪明的投资组合	108
警惕业务的"沼泽"	112

第十章　极限生存的关键是控人效　　117

背景1：用工周边成本上升	119
背景2：员工有效绩效产出期缩短	121
背景3：经营结果转化率降低	124
大楼垮塌，都怪风暴吗	126

从"激活组织"到"激活个体"　　　　　　　　　　　128

下篇　极限生存行动

第十一章　极限生存的干净财报　　　　　　　　134
　　收入盘点：找出"压舱石"　　　　　　　　　　136
　　支出盘点：找出"减脂餐"　　　　　　　　　　138
　　资产盘点：减杠杆，提效能　　　　　　　　　　140
　　现金流盘点：删除没有"后天"的客户　　　　　142

第十二章　极限生存的四步行动　　　　　　　　144
　　第 1 步：定战略　　　　　　　　　　　　　　　146
　　第 2 步：做解码　　　　　　　　　　　　　　　150
　　第 3 步：调组织　　　　　　　　　　　　　　　154
　　第 4 步：锁预算　　　　　　　　　　　　　　　158
　　公平，公平，还是公平　　　　　　　　　　　　162

第十三章　穿透组织设计的浪费　　　　　　　　167
　　穆胜组织精炼检验罗盘　　　　　　　　　　　　168
　　指标 1：扁平化指数　　　　　　　　　　　　　171
　　指标 2：战斗人员占比　　　　　　　　　　　　173
　　指标 3：组织体脂率　　　　　　　　　　　　　176
　　三个关键指标　　　　　　　　　　　　　　　　179
　　数据的"使用门槛"　　　　　　　　　　　　　181

第十四章　爆改中后台职能部门　　183

中后台是组织低效的症结　　185
中后台转型的几大趋势　　187
趋势1：模型化，提升决策效率　　191
趋势2：风控化，控制风险阈值　　192
趋势3：产品化，提供弹药　　194
趋势4：BP化，走向一线　　195
走向组织的终局　　197

附录　　200

附录A　清理企业内的六种浪费　　200
附录B　低效职能部门的十二个特征　　204

上篇
EXTREME SURVIVAL STRATEGY

极限生存理念

随着经济下行压力加大，企业面临的环境更为严苛。想要在这样的环境里极限生存，企业首先应该建立对于"生死"的正确理解，而后才是寻求方法和行动。

所有企业都不妨把自己置于最严苛环境的假设中，推演自己走向死亡的若干可能性，向死而生。在这种推演中，它们会经历自己最不愿意看到的恐怖故事，但在脸红心跳之后，它们也能隐约触摸到那条生命线，并理解轻视它会遭遇何种惩罚。其实，失败的企业之所以无视生存规律，频频踩踏生命线，还是因为自己对于战略的狭隘理解，以及错把时运当本事。

红利时代，机会无数，聪明的老板们任何时候的灵光一现，都可以被看作"战略"。有了这些所谓"战略"，企业只需要简单收割套利，就可以迅速成长。在环境不确定性增强时，诸多企业才发现自己其实是在浅滩里裸泳。

要极限生存，就必须反思。不确定的环境给企业留下的容错空间太小，没有战略认知上的清算，企业就不可能回到那狭窄的正途，它们所有为生存投入的努力，都是在错误的道路上自我感动。

EXTREME SURVIVAL
STRATEGY

第 一 章

企业只有一种死法

每个创业者都有一个愿景，就是要打造自己的"百年老店"，但创业之路却注定有无数的艰难困苦，真正的成功者必然是凤毛麟角。

根据 2013 年国家工商总局企业注册局、信息中心发布的《全国内资企业生存时间分析报告》(以下简称"报告 1")，以 2000 年成立的企业为研究对象，5 年内死亡率为 31.1%，9 年内死亡率为 50.4%，13 年内死亡率则高达 61.2%。其中，3～7 年是企业死亡率最高的瓶颈期。

如果说上面的数据稍显陈旧，我们可以参考另一份报告，这份报告似乎揭示了一些不同的趋势。2024 年，企查查和吴晓波频道联合发布的《企业生命力：中国中小企业十年洞察》报告（以下简称"报告 2"）显示，企业死亡率最高的一段时间前移到了前 3 年，依次会有 8.2%、9.4% 和 6.4% 的企业被淘汰。

按照报告 1，中国企业 3 年存活率为 83.9%；而按照报告 2，中国企业 3 年的存活率则降至 76%，降低 7.9 个百分点。显然，市场的容错性下降了，企业面临更加严苛的经营环境，它们必须加速成熟。

再聚焦到中小企业这个群体，其存活率数据更让人惊讶。根据《财富》杂志的报道，中国中小企业的平均存活时间仅为 2.5 年，每分钟有 2 家企业倒闭，5～10 年的企业存活率大约是 7%，而在这 10 年里，能够成为优秀民营企业的还不到 2%。

研究企业的死亡是个残酷但有意义的话题，尤其对于当下的中国企业。

一个故事

经济是有波动周期的，涨落都是正常的，这是客观规律。在上行阶段，企业大多生存无忧，比的只是谁更好；而在下行阶段，企业才会在竞争中高下立判，生存自然也成为主要话题。

犹如船只在大海行驶，只有遭遇风浪，才能显示出驾驶水平。企业这艘船只能安全行驶，依靠的是企业家这个船长。

什么样的企业家才能带领企业穿越风浪？首先讲一个朋友向我转述的故事，我尽量还原一下场景。

我的这位朋友是主板上市公司的一把手，在参加一次为上市公司老板举办的活动时，他现场感受了两种思维的碰撞。

主办方请来一家知名大型企业的甲老板，他的业务是为汽车制造商（俗称"主机厂"）提供某种配件。

现场某上市公司的乙老板作为听众提问："目前，各个行业都受到经济环境冲击，在您的行业，比亚迪这样的主机厂也开始要求供应商强制降价10%[一]。您如何看待这种事件？"

甲老板笑了笑："这很正常呀，主机厂面临激烈的市场竞争，它们必须全力压缩成本，自然要对供应商提出要求。"

[一] 2024年11月26日，有网友在公众平台曝光了一封名为"2025年比亚迪乘用车降本要求"的邮件截图，署名为比亚迪集团执行副总裁、乘用车首席运营官何志奇。邮件显示对于供应商的要求："贵司所供货产品，从2025年1月1日起降价10%。"这个消息曝光后，迅速引发了热议。对此，比亚迪集团品牌及公关处总经理李云飞在其个人微博上回应称："与供应商的年度议价，是汽车行业的惯例。我们基于规模化大量采购，对供应商提出降价目标，非强制要求，大家可协商推进。"

乙老板没有得到想要的答案，不甘心地追问："这样做，不会压垮供应商吗？供应链崩溃了，对主机厂也是伤害呀！您的公司降价10%了吗？"周围附和声不少，都在看甲老板如何应对。

甲老板表情依然淡然："哪里只有10%，我们早就降价10%以上了！"周围安静了，以为甲老板会捣糨糊、说漂亮话的听众居然有些茫然。

甲老板接着说："供应链不会崩溃，压垮的都是没有做好准备、没有足够竞争力的供应商。如果你们具备足够的竞争力，主机厂压价不是好事吗？卷死了同行，不就只剩你们一家独大了？"

听众沉默了，人家居然是这种思维。

另一位丙老板也举手提问："您认为现在是严冬，还是初冬？"

甲老板面无表情："现在还没入冬呢……"

周围哗然。

两条企业家精神

甲老板的观点，表达了这个时代中国老板比较稀缺的两条企业家精神。

一是向内求解，自我修炼。大多数人都不会否认这样的规律——如果商业环境好到极致，大多数企业都会有大钱赚；但如果商业环境严苛到极致，大多数企业都会面临生存挑战。所以，他们会自然而然得出这样的结论——企业赚不赚钱，就看行情，除了踩行情，企业难有作为。

要甩锅谁不会呢？活得极度自我的人认为，所有的问题都不是自己的问题，都是别人的问题。这样能获得心理安慰，但解决不了任何问题。真正的企业家会"向内求"，他们把外部环境视为既定条件，去积极适应环境，累积更多的生存筹码，争取能在同样的环境下获得更大的生存概率。

二是悲观预期，乐观主义。企业家一定要有悲观预期，把环境想象得严苛一点，多做点应急预案；同时一定要秉持乐观主义，要看到无论环境再恶劣，总有希望。

中国企业家的代表、华为创始人任正非在《华为的冬天》中写道："10年来我天天思考的都是失败，对成功视而不见，也没有什么荣誉感、自豪感，而是危机感。也许是这样才存活了10年。我们大家要一起来想，怎样才能活下去，也许才能存活得久一些。"

另一位中国企业家代表、海尔创始人张瑞敏，在自己的办公室里挂起了装裱起来的2002年10月《财富》（中文版）封面，上面是一艘沉船的图片，标题为《企业为何失败》[一]。用他自己的话说，"我每天的心情都是如履薄冰，如临深渊"。

在这样强烈的危机意识下，华为和海尔这两家企业却不断有创新涌现，战略上、业务上、产品上、组织上……都在引领中国企业的发展趋势。心怀希望，把握机会，自我突破，这就是乐观主义。

但现状是，大多数老板都是乐观预期，悲观主义。他们会过度放

[一] 这篇文章由咨询师拉姆·查兰（Ram Charan）和曾为《财富》杂志撰稿的杰瑞·尤塞姆（Jerry Useem）联合执笔，它的结论是企业失败的原因几乎从来都不是来自无法控制的外来力量，而是管理层的错误。

大环境的利好，而环境的利好稍微消失，就会无限抱怨，陷入消沉，甚至一蹶不振。这种作风就是"冷热病"。如果企业家自己都忽冷忽热，如何像定海神针一样撑起企业的大局？如何把信心传递给其他对未来缺乏准确预期的员工？

有个笑话。两人在森林里遇到了饥饿的狮子，于是开始逃跑。在被狮子追赶的过程中，一人问另一人："你干吗跑得这么拼命，我们还能跑过狮子吗？"另一人丝毫没有减慢速度，坚定地回答他："我不用跑过狮子，只需要跑过你就行了。"

提问的人只想找个人抱怨环境的严苛和自己的不幸，而另一个人则早就开始坚定地为生存努力，这就是两者的区别。看看我们周围，是不是有很多人都缺乏定力？他们很容易受情绪影响，迷失自己的方向，他们和自己内耗，也把周围人当作情绪的垃圾桶。所以，企业家精神注定是稀缺的。

企业破产的本质

不少人都曾经尝试总结企业的若干死亡方式，或是说战略决策错误，或是说客户流失，或是说成本费用失控，或是说资金链崩溃，再玄一点的会说是管理者的领导力不足，或是团队的价值观迷失……专家们甚至会说："失败的企业各有各的问题。"

但这些说法是错误的，上述林林总总的说法，只是企业失败的表现而非原因。正确的说法应该是——"成功的企业各有各的原因，但失败的企业只有一种原因。"企业的成功有太多的偶然性，而**企业之所**

以失败，必然是破坏了其生存的某种底线条件。

要透过现象看本质，我们先回到概念本身。企业的死亡就是破产，什么情况下企业会破产？根据《中华人民共和国企业破产法》，企业申请破产需满足以下条件：其一，不能清偿到期债务；其二，资产不足以清偿全部债务；其三，明显缺乏清偿能力。除上述情形外，还需综合考虑企业的经营状况、信用记录、资产流动性等因素，判断企业是否明显缺乏清偿到期债务的能力。

透过法条，可以很清晰地发现企业破产的逻辑——收入和支出之间形成倒挂，并且这种状态在很长一段时间里无法改变，这种持续"大出小进"或"只出不进"的状态造成了资产贬值或负债增加，最终资不抵债超过一定阈值，清偿债务无望，只能结束企业经营。

穿透这些逻辑可以发现，破产企业只有一种死法——自身的核心竞争力（the core competence）衰弱不支持其生存，而其余的失败理由都是借口。

不少企业的失败被归咎于资金管理的失误，这本质上也是因为核心竞争力不足。因为，一个核心竞争力极强的企业，自然会走出自己舒适的赛道，它不可能把资金链绷得这么紧，以至于出现断裂。

另一些企业的失败被归咎于某个业务环节。在以前穆胜咨询还运营私董会业务时，就碰到过一个很典型的案例。

某个医疗设备制造企业的老板提出了一个问题，说是自己的原创产品科技含量高、医生使用体验好，可以说领先行业1.5代，但苦于无法打开销售渠道。换言之，那些代理商因为和原来的厂商合作惯了，不愿意搭理他们。另一个也在医疗行业的老板当场反驳："您说你们的产品是原创产品，这意味着成本极低，又有这么好的功能和体验，这意味着售价很高。这么高的利润空间，完全可以在确保你们盈利水平的基础上，让利给代理商。送上门的钱，人家代理商为什么不要，不卖你们家的产品？"

说白了，要么产品成本没那么低，要么功能没那么强，描述得很好，但实际情况可能并非如此，有老板自己加上的"美颜滤镜"。这个"代理商（渠道）不受控"和前面的"资金管理失误"一样，都是借口，归根结底还是核心竞争力不足。

有的企业抱怨环境，说是环境的不确定性让自己失败，这种说法有道理，但毫无意义。**只要行业依然存在，就一定有生存下来的企业。别人生存，自己死亡，不能只是归结于他人的幸运或自己的不幸，而应该归结于自己能力的不足。企业破产的背后，其实就是被市场的丛林法则抛弃，本质上就是生存能力不足，企业家首先应该进行自我反思。**

EXTREME SURVIVAL
STRATEGY

第 二 章

企业的生死命脉

前面谈到，企业之所以失败，是因为核心竞争力不足。问题是，核心竞争力是一个变化的过程，为什么有的企业核心竞争力会持续下降，直至死亡，而另一些企业核心竞争力会持续提升，成为霸主呢？

核心竞争力增长的机制究竟是什么？这背后藏着企业的生死命脉。

"核心竞争力"这个词，几乎被企业和媒体用滥了，但说到对它的理解，大多并不深刻，甚至有误解的嫌疑。根据核心竞争力流派[一]的创始人C.K.普拉哈拉德（C.K.Prahalad）和加里·哈默（Gary Hamel）的定义："企业的核心竞争力是企业内的集体学习能力，尤其是如何协调多样化的生产技能，并且把多种技术整合在一起的能力。"

核心竞争力是知识

这里首先要区分两个概念——资源和知识。按照我的定义，前者是企业掌握的、有价值的筹码，主要指有形资源；后者则是企业掌握的、有价值的认知，主要指无形资源。

按照美国管理学会院士、知名学者杰恩·巴尼（Jay B. Barney）提出的VRIO模型，真正能创造竞争优势的资源必须具有价值（value）、

[一] 核心竞争力理论是由美国管理学家C.K.普拉哈拉德和加里·哈默在1990年提出的，该理论主张企业应关注其独特的、难以被竞争对手模仿的能力，这些能力是企业持续竞争优势的来源。

稀缺性（rarity）、难以模仿性（inimitability）和组织（organization）四个维度的特征。

随着商业进程的推进，越来越多的人发现，所有资源多多少少都有价值，但能满足稀缺性、难以模仿性和组织要求的资源，都是无形资源，即知识。

企业用来创造竞争优势的知识，无一不是在"专业框架"的基础上，通过"行业实践"去验证、填充、定制内容，反复创造、迭代、累积形成的。举例来说，对于汽车行业的供应链管理，除了要有供应链管理的基础知识（专业框架），还应该理解汽车行业的生产制造、销售、交付等业务的运行规律（行业实践），两者缺一不可，而且两个部分的知识还需要相互磨合。这种知识是"时间的朋友"，是"机会主义的敌人"，天然是个慢变量，这似乎与当下相当一部分中国企业的选择天然是冲突的。

很多中国企业的选择是关注资源，它们希望能够快速获得竞争优势，于是"整合资源"成了大多数老板经常挂在嘴边的话。但其实，大多数老板理解的"整合资源"可能是个伪命题。

要真正获得资源，只有两种可能：一是把它买下来，二是自己有独特资源，让人家必须和你换。大多数处于起步期的企业，本身是缺钱、缺资源的，于是，它们最先想到的就是"融资"和"抢先发优势"。说得简单粗暴一点，大多数创业者都希望凭借自己的战略眼光和胆识，先进入一个充满无限希望的赛道，而后再引入资本，大干快上，彻底占领赛道，成为霸主。资本其实也认可这种逻辑，于是把一把飞镖（投资）往一个靶盘（某个赛道）上扔是常规动作，只要有一支飞镖留在靶盘上，也就一本万利了。这也是在一段时间里，中国资本市场（主要是一级市场）异常活跃的一个原因，这种活跃自然也造就了若干新兴赛道的泡沫。

泡沫并不一定是坏事，任何处于上升期的市场都有泡沫，泡沫本身也是繁荣的表现。但是，泡沫终究会被刺破，真正能够支撑企业持续成长的，还是它们的核心竞争力。

那些在上升期快速崛起的企业，本身是"风"吹上去的，缺乏根基。它们可能凭借概念游说资本，凭借胆识抢占先机，一时间成为万众瞩目的明星，但最终却只能被市场淘汰。大家不妨回顾一下，近几年有多少昙花一现的"流量企业"。那些在千团局、千车局、共享大战、咖啡大战中倒下的企业，哪个不是这种姿势？这种现象，是不是与前一章提及的企业的瓶颈期（死亡率最高）提前到创业前三年的数据相互印证？

剥开那些倒下的企业，我们会发现它们老板的思维方式非常一致，"套路"无比蠢萌。战略不够清晰，可以归纳为"砸钱买流量"；业务不够标准，可以归纳为"人管人""靠手感"；组织设计不够科学，可以归纳为"为爱发电""匪帮协作"……就连年会也开得像梁山聚义，匪气十足。

这些失败的企业也有反思，但却又都容易落入俗套，无非自己没有获得资本的信任，遭遇了强敌，没有获得能打胜仗的人才，没有快速铺开业务、形成规模等，就是没有思考过自己核心竞争力的建设问题，或者说，没有思考过组织知识的累积问题。作为创业企业，你就不能期待有资本加持、竞对弱小、人才济济、增长爆发的局面，而是应该在资本不利、竞对强悍、人才平平的局面下，还能稳扎稳打做出增长。

举例来说，你做咖啡，就应该是在一条街上面对星巴克、瑞幸、库迪的夹击，还能让门店活下去，甚至在某些维度（如流量、周转率、爆款毛利等）活得比它们更好，而且这个模式还能复制到其他的街道。能做到这一点，你才有核心竞争力，才有资格在创业之路上生存。

很多企业老板直到失败那一刻，都没有看懂这个行业，还把自己的"想当年"挂在嘴上，打扮出行业老炮的架势。事实上，他们除了只言片语的行业信息，根本没有一套方法论（知识）可以传承。

核心竞争力建在组织上

失败的企业误入歧途，甚至直到失败还不自知，关键还是对核心竞争力的理解出了问题。

核心竞争力本质上是一种组织的学习能力，其结果表现为不断增强的"组织知识"，这种知识在个人知识之上，跨越了不同的部门，深度印刻为组织记忆。

说得极端一点，企业的某种核心竞争力依赖于不同部门之间的协作，不同部门的不同员工只是系统的一个部件，他们做的事情都很简单，但合在一起就有强大的竞争力。另外，这种协作机制有极强的稳定性，某个部门或某个员工一旦有越界行为，很快会被上下游和其他有工作联系的人强行纠正。他们最好的行为模式就是"按规矩做事"，这种"明哲保身"合在一起就是"力出一孔"和"利出一孔"。

听起来如此美好，但建设核心竞争力的学习过程却很麻烦。

举例来说，某企业的竞争优势在于其超低的生产成本。换言之，该企业在生产端控制成本的能力是核心竞争力。表面上看，这种能力来自采购和生产两个部门之间的磨合协作。原材料采购和生产启动的节奏应该是高度一致而稳定的，只有如此，才能通过批量采购、运输来降低采购成本，才能通过整齐、合理的生产排期最大程度用好机器和人工，来降低生产成本。深层次看，双方对销售节奏的理解是一致的，而销售部门的节奏是稳定可预期的。反过来说，如果销售部门的节奏是混乱的，都是零散的供货需求，那采购和生产部门就会被拖累得疲于奔命，它们俩配合再默契也无济于事。

所以，一个看似"局部的"核心竞争力，实际上是"整体的"核心竞争力。但现实中，这种跨越部门的协调太难了。采购部门心想，我们按照生产部门的需求进行采购，不犯错误就行，有什么必要去预判需求、合并订单、降低成本？生产部门心想，我们按照销售部门的需求进行排产，不拖拉、不懈怠就行，有什么必要去沟通需求、提前备产、超预期交付？销售部门心想，我们哪知道市场是个什么情况，只能尽力卖东西，并告诉后面的生产和采购，要在有了订单后迅速准备好产品。我们要是提前告诉他们准备好产品，万一到时卖不出去成为库存，谁来负责？

正因为每个部门都在自己的"地盘"上考虑自身利益，协调各部门的核心竞争力才很难形成。要协调它们的思想和行动，就必须有一种强力的权威来设置规则，这个权威还必须监督规则的运行。组织设计的常规操作分为以下几步（见图2-1）。

一是确认各部门的定位。定位不同，行为模式完全不同。例如，谁说你们采购部门就是按需求执行采购的？你们不对成本端的竞争力负责吗？

二是明确各部门的职责。职责划定了工作范围，有些事做与不做，完全是两个层次的贡献水平。仍以采购部门为例，为了实现成本端的竞争力，对供应商的扶持、竞争规则的设定、分类分级的标签、定期的询价谈判、内部需求的整合、联合研发的推动等，都应该是他们工作的内容。而现在大量的采购部门，实际上只是一个需求的二传手，还以风控为由"狂踩刹车"，对企业的核心竞争力没有任何贡献。

三是锁定各部门的考核。有了定位和职责，如果没有考核，那就依然是没有约束力的。在确认各部门职责的基础上，针对每项职责，都应该有 KPI 或里程碑的考核进行验证。

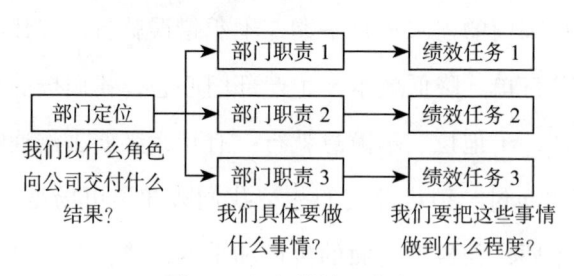

```
部门定位            部门职责1  →  绩效任务1
我们以什么角色  →    部门职责2  →  绩效任务2
向公司交付什么       部门职责3  →  绩效任务3
结果？              我们具体要做    我们要把这些事情
                    什么事情？      做到什么程度？
```

图 2-1　组织设计三步法

资料来源：穆胜咨询。

实际上，上述三步走完，一个企业的组织设计的主体工作也就基本完成了。当然，如果要做得更精细，那就还要把职责和考核层层下沉，最终落到各个岗位上。接下来，如果按照这种分工逻辑进行协作，那部门之间、员工之间就建立了合理的边界意识，双方的工作就开始协调在一起。或者说，如果一方越界，就会因损坏另一方的利益而招致反抗。当大家都按部就班地运行这套分工后，组织就建立了记忆，这就是组织能力。如果某类组织能力由于协调得特别顺畅而成为"长板"，那它就理所当然地成了企业的核心竞争力。

个人英雄主义的歧途

这样看来，组织设计工作对企业建立核心竞争力的确有非凡的意义。但问题是，这些工作都是要大量投入精力的"泥腿子活"，比较麻烦。面对这样的"麻烦"，绝大多数企业是选择回避的。就穆胜咨询接触过的企业来看，绝大多数在组织设计上都有明显的常识性错误。

这些企业在建设核心竞争力上是另一个路数。

它们的老板通常过高地设置了自己的目标，并形成了关于核心竞争力的"许愿清单"，简言之，就是希望自己在每个方面都具备核心竞争力。为了实现这样宏大的愿望，他们寄希望于找到诸多的强人来负责各个领域，并希望依靠他们来打造出各式各样的核心竞争力。

但问题是，强人作为空降兵进入企业之后，多半是挣扎 1～2 年，而后水土不服、不欢而散。双方都不满意：老板埋怨强人耽误了自己的时间，没有做出期待的成绩；强人直言老板需求不明确，决心不坚定。

那到底是谁的问题呢？我一直有个比较坚持的认知——**甲方用不好乙方，上司用不好下属，老板用不好空降兵……都是前者的问题，因为前者掌握主动权。**

具体到引入强人建设核心竞争力这个事情上，大多数老板可能存在三个问题。

其一，在开始阶段欠缺标准。

老板花大价钱引入强人，在双方握手之初，前者究竟有没有明确的交付标准？按理说，钱都花了，应该有交付标准，但实则并非如此。简单分析：如果有标准，简单试试人家，自然就可以发现他是否胜任。如果人家不符合标准，那为什么要用 1～2 年这么久？如果人家符合标准，那又为什么闹到最后要分手？答案很简单，绝大多数老板在引入强人时，根本就没有清晰的"标准"，只有不切实际的"愿望"。

其二，在过程阶段欠缺支持。

前面已经谈及了某项核心竞争力的形成，是穿越各个部门协调而成的。但大多数老板在引入强人时，多半都是头痛医头、脚痛医脚的思维，采购上没有优势，就招个采购总监；生产上没有效率，就招个生产总监；组织设计上太乱，就招个人力总监。把人家放到岗位上，就希望他自己找位置，自己定目标，自己找资源，自己做交付……

人家再强也是空降兵呀，根基尚浅，人脉全无，哪有穿越各部门协调资源的能力？真要在某个领域打造核心竞争力，老板要搭台，重塑组织设计，强人才能唱戏，发挥专业特长。以前面的例子来说，如果不从销售端梳理出货节奏，采购部门拿着零散的需求，再强的谈判技巧也拿不到好价格。

其三，在收尾阶段无限甩锅。

抱着强烈的期待，老板引入强人，而后强人无法施展专业，工作陷入僵局。此时，老板更应该反思自己的标准（开始阶段）和舞台（过程阶段）是否存在问题，努力纠正错误，让事情重回正轨。但他们往往会抛下一句——"所有的事不行，都是人不行""干部就是要打胜仗"。听起来掷地有声，但实际上毫无意义。

如果按照这种逻辑，老板们期待的不是"强人"，而是"神"。

当然，能力超强的强人也的确存在，他们往往能凭借一己之力改变企业的某个领域。但是，这种强人是超级稀缺的，老板们真的能期待自己有这么好的运气吗？更大的问题是，如果他们真的帮助企业建立了竞争优势，依靠的究竟是人家的个人能力，还是企业的组织能力？如果是前者，老板真的接受吗？到那个时候，老板的胸怀真的能够容纳人家的野心吗？

在辅导企业时，我大多会问老板一个问题："你们企业靠英雄，还是靠体系？"无论答案是什么委婉的形式，我基本都听得出"弦外之音"——大多数人更倾向前者。后来在一次某企业的战略工作坊上，老板反问我："穆老师，您觉得该靠英雄还是体系？"

我回答："体系保底线，英雄冲上线"。

EXTREME SURVIVAL
STRATEGY

第三章

"血槽"怎么会耗光

一旦企业缺乏核心竞争力，各种怪相就会陆续呈现。体现在最直接的利润表上，就是收入各种不顺，支出各种名目，收支逐渐倒挂，企业开始有危机的征兆。

这个时候，企业往往会喊出降本增效、二次创业等口号，试图强力止损，甚至设立专项行动，由老板或高管主抓某类支出的削减。但一顿操作下来，结果有点像打了兴奋剂，当时能提高业绩，药一停业绩就下来了，甚至还会产生副作用，直到拖垮企业。

这些"被逼出来的动作"显然无法拯救衰败中的企业，于是，那些试图自救的企业又会遭到企业内外舆论的夹击，被认为是用无效行动来折腾员工。久而久之就形成了一种新的怪相，即企业一旦有任何削减支出的动作，就被认为是在通过侵害员工利益来保全自己。这种看法显然也是过于偏激的，如果企业这艘大船不做任何自救，在风浪中依然坚持负重前行，最终伤害的还是船上的所有人。

自救一定要有方法，企业必须理解自己的收入是怎么逐渐消失的，自己的支出是怎么被浪费掉的。一个让人唏嘘不已的现实是，大多数执着于降本增效的企业，直到自己的"血槽"耗光，都没有发现自己的"浪费机制"。

支出耗散的逻辑

这里，有必要从财务角度简单解释几个概念。

- 收入：企业收到的、来自客户的钱。
- 成本：企业为了交付产品、服务或解决方案而支出的钱，如产品的材料成本、人工成本等。
- 费用：公摊的、为了维护企业运营的各类支出，如行政人员的工资、办公费用等。

成本和费用都是企业支出的钱，但区别在于成本是进入到产品、服务或解决方案里，可以转化为收入的，而费用则似乎就凭空消失、被公摊掉了。所以，在会计学上有个说法——"成本是可以对象化（到服务、产品、解决方案里）的费用，费用是不能对象化的成本"。

理解了上述概念，我们就可以解释企业的"浪费机制"——**收入成本化，成本费用化**。

所谓**"收入成本化"**，即企业由于没有找准战略定位，没有建立核心竞争力或核心竞争力衰败，导致在现有赛道里无法抗衡竞对，而需要投入大量的成本换取有限的收入。再说得直白一点，由于企业的产品、服务或解决方案带给客户的价值有限，想要让人家购买，就只有直接让利补贴。

例如，口碑不那么好的小众品牌汽车，如果要出货，不仅要降价，还必须送保养、送内饰、送改装、送油、送洗车券、送礼品……严格意义上讲，这些都是成本。这些艰难获得的收入，就是通过大量损耗成本来实现的，有些企业甚至为了出货来降低库存，不得不卖出了负毛利（收入＜成本）。

再如，某些互联网企业为了实现用户增长而疯狂进行补贴，但因发放补贴进入的大量用户消费能力有限，实际上并不能在多大程度上转化为收入。不仅如此，这类用户的黏性建立在补贴的基础上，补贴一旦停止，他们就会离开。最后的尴尬就是，成本的支出转化为收入了吗？转化了，但怎么看都是不划算的。

有意思的是，一旦说到要削减这部分支出了，就会有一大群利益相关者跑出来反对，讲出"如果没有这笔支出，业绩就会如何如何"的恐怖故事，或者描绘"如果我们再坚持坚持，就会熬死对手，独占鳌头，一统市场"的海市蜃楼。一部分人是需要这笔支出去支撑他们的KPI，另一部分人则是希望在大量的支出里中饱私囊。

所谓**"成本费用化"**，即本来应该在成本中进行支出的部分，由于丧失了确定性目的，与产品、服务或解决方案渐行渐远，最终为了支出而支出，成本沦为了费用。大家回想一下，有没有一些支出，在最开始是有明确指向的，后来指向就逐渐模糊了，然而这笔钱却成为每年支出的惯例，被某些部门视为自己的既得利益？

例如，某些企业在激烈的商战中，投放了大量的形象广告，支出了大量的营销费用。形象广告的投放，主要是起到"品（牌）"而非"效（果）"的作用，也很难做到"品效合一"。说它有用吧，好像没多大作用；说它没用吧，好像又有点用。

问题来了，这些支出为什么会丧失确定性目的，变得作用模糊呢？原因还是企业没有建立核心竞争力或核心竞争力衰败。如果核心竞争力明确，以此作为原点，企业的各类支出就能放大竞争优势，转化为客户体验。反之，企业的各类支出就会被耗散，因为没有核心竞争力作为原点，各类支出都是无底洞。

回到上面的例子，如果产品本身没有独特卖点（unique selling point, USP），即使大量投流吸引关注，最终也很难形成实际转化。于是，花这些钱的品牌或市场部门自然只能主张实现品牌宣传，而非拉动销售的效果。夸张的部门还会将这种投流的意义说得更玄，"品牌势能""用户体感""建设流量池"这些大词，他们是能搬出来的。

同样，一旦说到要削减这部分支出了，就会有大量的反对者。反对者此时除了鼓吹业绩会受影响的恐怖故事，更会站在企业基业长青的角度，论证这些支出的必要性，如"人才是企业发展的关键，人才培养是十年树人，就是要肯投入"。不仅如此，有心之人还会利用各种方式来与老板打心理战，争取自己的利益，要么说"我以前都是打大仗的，手里的销售费用一个亿"，要么说"人家（竞对）那可是亿级规模的投入呀"。老板稍微有点异议，就会被扣上"没胸怀""没格局"的帽子。

更致命的是，这类费用支出还有逐年膨胀的趋势，根本停不下来。费用一多，中后台部门尤其是后台部门的规模会越来越大，做的证明自己所谓价值的无效动作会更多，根本停不下来。

费用的浪费最可怕

按照会计准则，费用分为三类：销售费用、管理费用和财务费用，其中，成分最复杂的是管理费用。

管理费用是为了企业管理体系运转而"公摊"的支出，如职能部门人员的薪酬、业务招待费、差旅费。这笔支出不仅成分复杂，而且额度庞大，再加上指向最模糊，最难精确衡量投产比（效能），因此，其控制难度也是最大的。可以说，一旦某些支出变成了管理费用，基本上就很难被有效管控了。

尽管管理费用的产出并不明确，但也有一个相对粗放的衡量指标——管理费用率，即管理费用和主营业务收入之比。通过这个指标，很多企业的浪费一目了然。管理费用率过高的企业，具体表现林林总总，但本质都是其设置的中后台职能部门没有发挥应有的作用，没有指向明确的价值创造，俗称"为了做某事而做某事"，进入了"空转"状态。

日常的"空转"浪费有限，造成的"皮外伤"企业倒也认了，怕就怕那些造成内伤的浪费。我们用下面一个例子，就可以搞明白这种浪费是怎么产生的。

经济增速放缓时，各企业都开始降本增效，少部分先知先觉的企业开始狠抓企业效率的核心——人效。某大型企业也有经营压力，老板在多次感受到市场的寒气后，大手一挥，要求人力资源部门迅速实施人效管理。

HRD（人力资源总监）一听犯了难，这不是要搞"精简组织→压缩编制→裁员→降薪"四部曲吗？这得罪人的事情谁愿意做？兴许老板就是随口一说呢，先别急，拖着。老板的确贵人事忙，天天忙着指挥业务，无暇督办此事。偶尔想起了问问，HRD 就推说"正在研究方案""还有其他重要事项要先解决"。于是，HRD 这一拖，就把人效管理拖了小半年时间。

老板的确也贵人多忘事，直到他发现在激烈的市场内卷中，自己企业的产品居然没有成本优势，只能倒过来再提降本增效。自然地，人效管理再次被提上日程。

眼见老板这次是在动真格，HRD 倍感压力，硬着头皮提方案。

但问题是，老板的要求太天马行空，有的根本无法落实。比如要求每个业务单元人效至少提升 20%，并且要求业务单元负责人签署军令状，将人效提升结果与自己的奖金和任免强联动。他们能把人效提升 20%？如果能做早做了，他们确实没这个能力呀。

面对 HRD 的质疑，老板大手一挥："提不了业绩，就自己减人，自己处理。"

HRD 依然有疑问："这样减人，劳动补偿金可很高呀。"

老板认为这是"细节"，扔回来一句："你自己处理，不要把什么问题都抛给我。另外，如果不能减人，你也应该给出其他人效提升的方案。"

HRD 哪有方案？只能"无中生有"地寻找方案，再一步步地与老板做无效沟通。为什么说是无效沟通呢？因为这个方案本身就是强压人效指标，把压力转嫁给业务部门，根本没有人效提升的思路。HRD 以前质疑时就没有解决的疑惑，现在等于是不解决就直接往下扔。

几次沟通后，老板就厌倦了，要求 HRD 尽快实施。反正这题无解，他自己也没有思路，先做起来再说，摸着石头过河嘛。

但很多时候，摸着石头过河并不是最理智的选择，反而会面临太多的风险。人效标准一刀切的结果就是，业务部门强烈抱怨，还列出了人效标准不合理的诸多证据。于是，人力资源部门陷入了与业务部门的拉扯，分管副总多次协调无果，最后只能由老板亲自定夺。老板面对的一边是业务的"急需"，一边是人效的"刚需"，只能选择做个平衡。

"人效提升20%的目标"自然是没有达成，业务推进也受到了不小的影响。倒不是说业务部门真的就缺人，真的就没有办法通过优化配置来实现人效提升，而是人力资源部门的方案根本就没有思考到这个层面，人家业务部门自然可以借题发挥"拖着不改"，原来该做的一些事情甚至也不做了。不仅如此，人力资源部门还为这个事情"空转"了半年，老板和管理层也浪费了大量的时间投入这个"运动"。

唯一可能的效果，就是挤出了一点水分，但相对于这个过程中企业的各种浪费，真是捡了芝麻丢了西瓜。

咱们不妨来算个经济账，这个案例中产生了多少浪费：

1. 半年可能压缩的人力资源支出水分——这是HRD拖着半年时间不做人效管理带来的结果。HRD真会提前研究人效管理吗？不会的。暑假作业或寒假作业，很多都是假期最后一个星期来赶。

2. 方案制订阶段的沟通成本——由于HRD没有提前思考人效管理，老板也欠缺这个领域的专业认知，两者相当于一起"边学边做"。两人视角不同，底层逻辑不同，还缺乏共同的方法论体系作为沟通频道。如此一来，只能是乱谈，一个人提天马行空的要求，一个人给隔靴搔痒的方案。磨到最后之所以感觉方案被"磨出来了"，其实不是方案有多好，而是两人"都累了，先这样吧"。

3. 方案实施阶段的沟通成本——方案不靠谱，实施下去之后，自然会遭到强烈的反对。于是，业务部门一次次与人力资源部门沟通，一次次与分管领导沟通，一次次与老板沟通。每次沟通后，人力资源部门都不可能置身事外，需要一次次地进行解释，很多时候，还会触发三方沟通。这种沟通其实并不能产生什么价值，沟通的过程就是菜市场模式，沟通的结果无非就是取个平衡点，你多点，我少点，仅此而已。

4. 职能部门权威受损的成本——职能部门的权威是有经济意义的。如果一个职能部门理解业务一线，精准制定政策，是能够得到业务部门认可的，政策的下发就会很顺利。反之，如果一个职能部门远离业务一线，图省事下发"一刀切"政策，只会让业务部门做方案，那政策的下发就不会很顺利。说白了，人家拖着你不执行政策，让你不得不投入更多的监管成本，如一次次下文件，一次次做宣贯，一次次做督导等。其实，职能部门权威的背后，也是老板的权威。有的企业，老板无数次唱高调要进行改革，最后一次次无疾而终，导致员工表面顺从，私下不动。

5. 业务部门借题发挥、拖慢业务的浪费——人力资源部门无法给出精准的人效提升方案，一刀切人效标准带来巨大反噬，业务部门主动放弃很多难啃的骨头，推说不做是因为"人力配置不足"。

上述浪费中，2～4都是管理费用的浪费，人力资源部门作为中后台职能部门被拖入没有意义的项目，而这个项目还是老板关注的重点工作，于是，为了这个项目进行的支出（包括各部门的长时间的人力投入）都成为浪费的管理费用。更可怕的是，这种管理费用的浪费是有杠杆效应的，会撬动其他的浪费，1 和 5 就是这样的结果。我想，这个故事已经很清楚地说明了大多数企业职能体系的"浪费机制"。

现实中，我们常常看到不少企业管理费用率奇高，甚至达到同行的 2 倍以上。但人家的职能部门还辩称自己"事情太多做不完，非常辛苦"。仔细想想，这些事真的产生了价值吗？还是开车时没有挂前进挡，踩下油门后，发动机仅仅是在"空转"？这发动机"空转"的声音，究竟是"转给"谁听的？

两个视角看浪费根源

上述问题，相信不少身处企业的读者会感同身受，这也不禁让人发出追问——是什么造成了这种浪费？有人简单归咎于企业各部门、各级管理者不够职业，能力不足或意愿不够。

但这样的归因似乎太简单了点。不少老板也在经营压力之下发出了"二次创业""降本增效""去肥增瘦""提质增效"的疾呼，甚至发起了专项运动。但如果这样的呼吁有用的话，那问题也太好解决了，而实际上运动的结果有很大可能是不了了之。

要搞清楚企业浪费的根源，我们需要先回答两个问题，只有得到了答案，才能精准定位病灶。

第一个问题：在当前的经济形势下，究竟有多少企业开始采用严格的零基预算法（zero-based budgeting，ZBB）[一]**？** 即在编制预算时，

[一] 最初是由德州仪器公司开发的。

对于所有的支出均不考虑以往情况，而是均以零为基底，从根本上研究分析其必要性。显然，答案是"极少"。这个问题是为了探测这种"根源"的深度，道理很简单，如果在当前的经济形势下，企业还不改变，那么这种"根源"就很可能是某种无法轻易撼动的东西。

绝大多数企业使用的增量预算法（the line-item budget approach，也叫调整预算法），这种预算模式是按照上一年的数据，按照对经营业绩的预期，做一个增幅或减幅。不管企业宣称自己的预算有多科学，我们实际观察到的都是"一样的配方，熟悉的味道"。

两种预算法的对比，如图 3-1 所示。

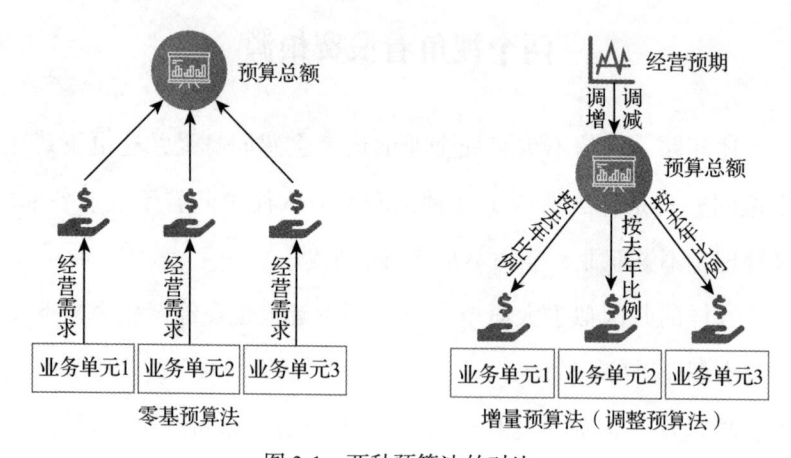

图 3-1 两种预算法的对比

资料来源：穆胜咨询。

可问题是，如果外部商业环境正在变得严苛，企业难道不应该用零基预算法来重新校对一下投入产出吗？这里有两个原因：

其一，如果要这样做，就意味着老板要重新思考自己的生意，而人天然是不愿意思考的。美团的王兴说，人为了回避思考，愿意做任何事情。这句话可能只说明了不思考的现象，而不思考的真正原因是，太多人不愿承受"创新的风险"和"改变的不适"，保持原状就是他们的最优策略。

其二，如果要这样做，就意味着资源的重新分配，但金字塔组织内的利益格局是很难撼动的。举例来说，某企业明明知道在某个业务上继续投入是不划算的，但问题是，业务负责人在老板那里依然有话语权，队伍也还在，于是，资源的投入就还得继续。这里，主打的就不是效能了，而是人情世故。

于是，在口口声声说要"降本增效"的同时，企业依然会沿着过去的预算轨迹行动。不同的是，老板会通过一些"运动式"的降本增效，节约下来一些快递费、卷纸费、塑料袋钱，传递一下寒气，缓解一下内心的焦虑；相同的是，继续浪费大量真金白银的支出，利益既得者们几乎不会有任何损失。吊诡的是，一去一来后，利益既得者们甚至会认为自己和老板已经达成了某种默契。而后，当他们的低效超过了老板的阈值，后者又会痛下杀手，那时，他们就会抛出关于"老板无情"的抱怨。

第二个问题：如果企业成功地实施了上述降本增效套路，未来还有没有可能反弹？答案显然是"有"。这个问题是为了精准定位这种根源，道理也很简单，那些让改变反弹回原状的力量，就是我们需要面对的"企业浪费的根源"。

金字塔（hierarchy）的组织模式天然就是一个"浪费的结构"。在这样的结构里，每个人都在自己的分工和授权范围内做事，大量的人员是不直接面对市场的，经营压力与他们无关。由于效能（投产比）

并不是关注的重点，组织内所有人的最优策略选择都是讲"大故事"，要"大资源"，来打"大目标"。一方面，有了"大资源"才有在组织内的"权利空间"；另一方面，对于缺乏经营才华的人来说，有了"大资源"才有达成目标的机会。至于"大资源"能不能真正换来"大目标"，就要看天、随缘了。

正因为大多数人都会选择讲"大故事"，所以企业在实施降本增效后减少的支出浪费，很快又会被一个个"故事"重新支撑起来。无非讲故事的角度不同，给了老板一些新鲜感罢了。

理论上说，企业只有在关注财效和人效，让这两类效能结果在很大程度上决定激励，并实现科学的效能管理（efficiency management）时，上述浪费才有可能被叫停。因为，无论是谁，在提出增加人财两类预算的需求时，都相当于自动为自己增加了一个业绩的要求。可以说，效能管理才是让"员工心态"转变为"老板心态"的有效方法，而企业只有让"员工心态"转变为"老板心态"，才能真正意义上持续实现降本增效。

但问题是，在金字塔组织里真的可以实现效能管理吗？可能未必有那么简单。

一是组织设计不允许。金字塔组织天然是割裂的，不仅表现在各个部门之间的部门墙，还表现在前中后台部门之间的割裂。

表面上看，少部分前台业务单元面对市场，应该能够相对公允地考核产出，并考核其效能。但问题是，这些业务单元打仗的资源和政策掌握在中后台部门手中，于是，它们完全可以为业绩不佳的结果找借口。而对于中后台职能部门，它们的产出都是一些领域内的任务而非经营结果，天然地很难公允考核效能。试想，如果身背这样的"软考核"，那这些职能部门又有什么动力去支持前台打仗呢？

对于金字塔组织来说，效能不是不能考核，而是会面临重重的阻力，其公平性和科学性必然受到大量挑战。

二是利益集团不允许。在金字塔组织里，企业的每一笔成本和费用都代表着某个群体的利益，大多数人的思路就是"按预算做支出"和"按目标要预算"，当企业要把目标（产出）和预算（投入）合起来算效能时，就等于触犯了他们的利益。他们会帮老板找出那些组织设计不允许实施效能管理的理由，甚至还会把这些理由无限放大。事实上，在我们接触的企业里，绝大多数人都是反对效能管理的，这很合理，要让人家心甘情愿地戴紧箍咒，怎么可能？

关键在于，老板怎么想。这可是定战略、调组织的事，多麻烦呀，要不保持现状再等等？老板是这样想的，其他人也是这样劝的。

"能不能改？一定能改！要不要改？一定要改！但这需要一个过程，不能一蹴而就。我们现在方向明确，步伐坚定，也在努力中嘛……"

"是呀，是呀，一直在努力呀！"

"是呀，是呀，心急吃不了热豆腐！"

劝着劝着，大家的反对声音越来越整齐，原来紧皱的眉头越来越放松，最后，大家就都笑了，老板也笑了。

被人卖了还帮着数钱呢，真有意思！

EXTREME SURVIVAL STRATEGY

第四章

组织设计怎么走偏的

要建设核心竞争力，需要进行合理的组织设计，要最大程度消除企业的浪费，也应该进行合理的组织设计。但正如我们前面提到的，大量企业在组织设计上并没有太多的投入。

这些组织设计上的问题，会带来大量的组织建制的冗余，不仅会造成人工成本的浪费，还会带来周边的各项成本费用。道理很简单，企业聘任一个人进来，不仅要给他发工资，还得给他资源让他做事，这些资源就是各项成本费用。

如果是在商业环境顺风顺水时，我们还可以说，企业调整的"潜力很大"；但如果商业环境变得严苛，这些低级错误就变得异常致命。因为，此时的竞争加剧，企业的大量支出如果没有用于形成核心竞争力，它们不仅会"超支"，还可能"断收"。

可以说，这一关是企业的一个"大劫数"，很多企业以各种姿势倒下，但从根本上说都是被组织设计杀死的。尴尬的是，几乎所有的企业都会从"创业团队"进入"官僚组织"，这个劫数似乎躲不过去。

究竟是为什么？因为在建设组织的过程中，老板们都会有几种冲动，这几乎是印刻在他们基因里的"思维定式"。绝大多数人在经历了多年创业的摔打后，依然会沿着这些冲动行动，只有凤毛麟角的人才能超脱。

冲动1：精细分工

随着企业的发展，规模会越来越大，为了提升效率，组织里自然就出现了分工。

现代经济学之父亚当·斯密提出过一个制针的案例，生动描述了分工如何提高效率。他指出，在没有分工的情况下，一个工人可能一天生产不出一枚针；而实行分工后，每位工人专注于制针过程中的一个特定环节，如拉直铁丝、剪断、磨尖等，这样整个团队每天可以生产数千枚针。

分工的思路当然没错，但**大多数企业却会陷入一种"精细分工"的冲动，拒绝兼岗，想要把每类工作都做得"专业"，最后却越做越虚**。

老板心想，既然我们以后要"做一家伟大的企业""成为××行业的华为"，标准化、正规化就是必由之路，那么各类工作就必须足够专业。于是，能够分工的就一定要分工，都混在一起像什么话？

在伟大愿景的引领下，企业自然会超前地将某些工作强行进行分工。当它们设置了多个岗位并招聘人员到位后，就会失望地发现，有相当一部分人并不能达到岗位设置之初的要求。但设置这些岗位的人（极有可能是老板）往往并非该领域的专家，他们并不清楚这些岗位的交付标准，因此会自动"下调"自己对于岗位的要求，心想："不太满意，但将就用吧！"

有意思的事来了，这类冗员的存在不仅会支出一份人工成本，还会拖低整个企业的效率。为什么？这些任职者尽管能力不足，但他们需要用"无效跑动"来伪装自己。于是，他们会折腾大量不产出价值但需要投入时间的事。他们会把这些事情包装得无比重要，在企业内大声吆喝，自然也会卷入大量的部门陪他们一起"无效跑动"。

当所有部门都在"无效跑动"时，另一个奇妙的现象产生了，它们相互之间分派任务，共同制造了内部的"就业机会"。结果是看似企业一片热火朝天，但大量的精力都花在了不创造价值的事情上，这种事情还越做越多，越做越虚。原来做实事的人也不得不被卷入，被动成为冗员。

冗员通过"无效跑动"来折腾企业，这可能还只是其中一个问题。更让企业难受的是，冗员所在，他们会把实事越做越少，而且会产生极强的地盘意识。简言之，他们"没能力，没意愿，但要地位"。当所有部门都认为"我只要做好×××就行了"，**部门之间就会出现严重的"部门墙"**。前面也说过，核心竞争力是通过跨部门的磨合而产生的，"部门墙"显然是核心竞争力最大的敌人。

几乎所有企业都有上述现象。**一个简单的原理是，企业绝对不应该做超越自己现状的分工**。因为你不在那个阶段上，不需要这种精细分工产生的专业性，你也检验不了这种所谓的专业性。更多时候，你期待的那种"专业性"根本就是臆想。

举例来说，一个营收几千万元的小型企业，非要设置一个企业文化（organization culture，OC）的岗位，有的甚至还将它设置为一个部门。老板口中振振有词，"企业文化是组织的灵魂""一流企业靠文化做管理"。他期待的是来一个"专业的人"，帮助企业提炼文化、宣传文化、贯彻文化、考核文化……搞定文化领域所有的事。

事实上，企业文化这种岗位一定是超大型企业才需要的，由于它们组织庞大，人员众多，并且跨行业、跨地区开展业务，它们需要企业文化这种机构来解决价值观的分歧，塑造员工的统一行为。而对中小型企业来说，老板的风格就是企业文化。这个岗位不是不好，而是你不需要。

这就好比一个刚毕业的大学生，参加一个亲友间的普通聚会，完全没有必要穿上高定西服。他可能驾驭不了这件"西服"，这件"西服"在这个场景里也创造不了价值，反而会让周围的人认为他是在装腔作势。

但遗憾的是，很多企业并没有理解这个原理。如果企业当时业绩还不错，老板认为自己有能力为"精细分工"的冲动买单，各个部门就会顺势提出种种用人需求，为自己招兵买马。你今天要一个人，我明天就要两个人，那叫一个"比学赶超"……由此，企业就会莫名其妙地产生若干无用的编制。

冲动2：无限分层

企业的分工精细了，管理幅宽自然就会太大，此时，似乎就应该设置多个管理层级来减少管理幅宽。

举例来说，原来一个人管4个人，问题不大（见图4-1）。

而现在，精细分工导致4个人的活分成了12个人的活。一个人管不了12个人，于是，就增设了一个中间的管理层，新增了3个次级管理人员，每人管4个人，而原来的管理者直接管这3个次级管理人员（见图4-2）。这样就让管理幅宽限制在合理范畴。

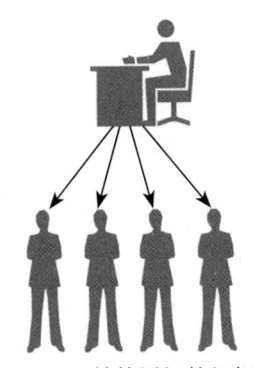

图 4-1 精简层级的组织

资料来源：穆胜咨询。

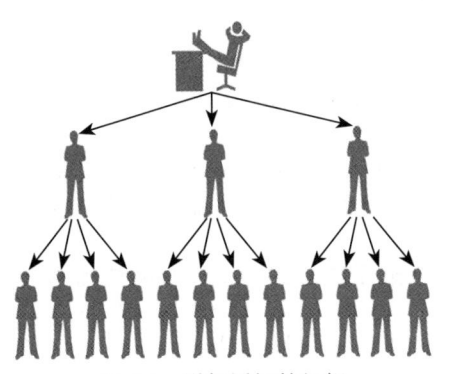

图 4-2 增加层级的组织

资料来源：穆胜咨询。

用分层来解决管理幅宽问题的思路看似没错，但**大多数企业却容易陷入另一种"无限分层"的冲动，把管理链条变得无限冗长，把管理人员包裹得远离实事。**

原来，这 1 个管理人员管 4 个人，他会接触到大量的具体工作，加上他自己有能力，能够给予 4 个被管理人员大量的指导，也能对他们的提案进行精准的判断，这个指挥链条是很敏捷的。

而现在，多了3个次级管理人员，原来的管理人员就远离了具体工作，他只能从次级管理人员的口中听到"一线的声音"，而后再凭借自己的想象来制定"看似合理的决策"。于是，信息的上传会耗散，决策的下达也会耗散（执行不力）。当层级越来越多，这种现象会越发严重，整个企业就显得很笨重。

所谓笨重，就是陷入"人盯人"的模式。由于两个层级靠得太近了，甚至从工作内容上看根本就不应该分出层级（因为之前的精细分工就是个错误），所以，两个层级几乎在做一样的事情，最后就是官大的上级把事情完全推给下级，自己只当个"监工"。

在这个"监工型指挥链条"上，最高层和最低层做的事情几乎一模一样，前者本来应该发挥的战略级的能力自然也不复存在。在这类企业里，基层思考居然有可能成为最高智慧，这真让人唏嘘不已。

原来贴近实事的管理人员，在"监工"的角色里被养出了官僚气。

一方面，他们阻隔了决策的下达，频频议而不决，严重拖慢了决策执行。他们习惯了慢节奏，习惯了让下级反复提交方案，而后挑刺，但就是不做决策。因为决策有风险，做事要投精力进去，风险越大的事越难，投入的精力越多，他们最大的愿望就是把这些有风险的事拖黄了。

其实，也不是他们不想做决策，有时他们真做不了决策，而由于远离一线，他们也没有决策的手感了。这个时候怎么办？为了显示自己还在指挥，就挑挑错字、改改格式，钻到细节里面，体现自己的"严谨"，于是，方案自然就改了一版又一版。这个时候的他们完全不做价值创造，反而让企业效率下降、延误战机，笨重就是这样产生的。

**另一方面，他们阻隔了信息的上传，筛除对自己不利的信息，避

免上级让自己去挑战难点工作。他们在不得不向上汇报时，都会小心翼翼地让上级绕开对于难点工作的兴趣，即使不幸被点中了，也会本能地附带上口头禅："这个事做不了。""那个事没资源。""适合别人，不一定适合我们。""这个事做了也没啥用。"

这样一来，上级根本听不到真实的一线的"战火"。在极端的情况下，直到企业危机来临了，上级才明白过去是在粉饰太平。有时被隐瞒的上级也并非完全不知道一线发生了什么，他们选择不闻不问，其实也是一种自保。发现了问题，自己就要去解决问题，不仅要挑战难度动作，还要和自己本来希望蒙混过关的下级对着干，何必呢？

在所有的"监工"中，高管由于为企业最终的结果担责，还不至于完全丧失价值，最容易出问题的其实是夹在中间的中层管理人员。在无限分层的企业里，中层管理人员名义上是上承下达，但实际上可能变成了"二传手"，**成为真真正正的"隔热层"**。

这让我想起 2023 年某互联网大厂的一个笑话。他们为了提升效率，大量裁撤了 P8，而后由 P9 直接指挥 P7，结果你猜怎么着？好几个内部人士告诉我，效率提高了很多！PPT 是 P7 做的，大故事、大理念是 P9 讲的，中间隔了个 P8，实际上就是在大量"倒脚传球"，并没有创造实际价值。

无限分层的最后结果是，人多了，但有相当一部分人都废了。

冲动 3：细化流程

当精细分工和无限分层出现之后，企业自然就形成了大量的"部门墙"和"隔热层",组织效率被极度拉低。此时,按照流程再造学派的创始人迈克尔·哈默(Michael Hammer)和詹姆斯·钱皮(James Champy)的说法,就需要用流程解决问题。

试想,如果我们按照终端价值的要求,以终为始,在一个流程链条里加入产生价值的必要节点,而后给予这些节点高于横向分工和纵向授权的权力等级,这样一来,不就可以打穿"部门墙"和"隔热层"了吗?

在这个强劲的逻辑之下,流程再造一度风靡欧美企业,至今依然还有强大的影响力。这也让**很多企业陷入了"细化流程"的冲动,不仅要建设应有尽有的各种流程,还要让每个流程无限细致,塞入无数的审核节点。这导致流程无限膨胀,标准化看似是实现了,结果却是效率大大降低了。**

流程一定是有意义的,但想用流程来解决官僚问题,却是想多了。不仅如此,流程在被错误使用的情况下,还很容易成为"官僚温床"。原因在于,企业一旦建立刚性的流程,它就成为最高权力的所在。说夸张点,如果有流程设定的"合规"为背书,公司的 EMT(高级管理层)成员也可能指挥不动一个分管领域之外的流程节点,人家一句话就顶回来了:"您这样不合规呀,出了问题谁负责?"

正因为流程是最高权力所在,所以,一旦企业走上流程建设之路,流程就成为各个部门争夺权力的主战场。它们都会往涉及自己的流程里塞入更多的审核节点,甚至与自己不相关的流程也会尝试去渗透。于是,一个流程最初是 5 个必要节点,到第二年,大概率会变成 15 个以上。名义上,大家是为了让流程更加严谨,实际上就是在增加自己对流程的掌控力。

当一个流程节点建立起来时，它一定会显示自己的存在感，当天审核？不存在的！如果自己是谁都能过审的"全球通"，谁会重视自己呢？好歹给你找点事，挑点毛病，让你来拜拜码头。某些企业，为了推动一个流程，主推这个事情的部门必须挨个给流程节点拜码头。人家按照合规来快速审核？背对背完成？不存在的。主推部门的人不露面、电话不过问，想要过审？笑话！懂不懂规矩？

这种流程推不动的情况，就是"流程桶"，即流程像管子一样，外力干预不了，但管子的某些节点却被堵住了。由于流程是串联的，一个节点被堵住，整个流程就只能停下来。当所有流程节点都容易被堵住时，整个流程的效率就会异常低下。

此时，按照流程再造的思想，流程的主导部门（Owner 部门）应该去主动优化流程，但尽管你是 Owner 部门，你主导的流程里也有人家的蛋糕，你动得了吗？除非是老板作为公司一把手亲自主抓，否则，流程的膨胀根本无法阻止。话说回来，老板哪有那么多时间，一个个流程去清理呢？

流程是任职者主张自己价值的最佳背书，是部门建立自己地盘的最佳载体。一旦部门弄懂了流程这个游戏，它们就会不停往流程里加入自己的审核节点，而后则是以此为由索要编制。老板一旦认可冗长的流程，就必然需要为里面的节点买单，配置相应的人力。这些人力一旦到位，审核就成为他们的唯一工作，越是不必要的审核，越是官僚，越是低效，因为他们必须没事找事，要有"撕扯"，才显得自己的工作不易。

最有意思的是，当某些部门效率下降受到老板批评时，它们还会将原因归咎于人员太少导致流程运行不畅，并进一步提出增编需求。大多数情况下，还能多多少少得到批复。但仔细想来，效率低下是因为缺人造成的吗？

现实是，对于大多数企业来说，"细化流程"就是它们组织设计走火入魔的开始。

根源还在"主席台"

2024年8月2日，小红书发布了11周年信，其中，创始人毛文超和瞿芳开始反思组织上的大企业病。

他们的反思颇有画面感："有些同学官架子特别大，自己不下场，遇到困难只会让一线同学去干去做去解决；有些领导每天把时间花在逐字逐句分析上层意图上，对已经影响用户体验的重要问题视而不见；还有一些负责人不去理解业务场景，决策上拖沓扭捏，反复让一线同学交方案，交了5版也不做决策。"对此毛文超和瞿芳感叹，最难的从来不是极具难度的挑战，而是缺乏意义的消耗。

他们描述了自己理想中的组织——希望员工始终是敏捷、专注的，让自驱、扁平、灵动的小团队可以去突破，而不是在臃肿复杂的环境中消耗。

周年信的最后依然是煽情："我们需要重新出发，保持敏捷和专注的创业团队状态"，以及"关键战场和关键岗位的任命，也始终留给最渴望带来突破的人"。

不难想象，这些表达一定会引起大量企业的共鸣，但仔细想想，这次措辞是不是似曾相识？

他们描述的组织问题，难道其他企业就没有吗？他们向往的组织状态，难道不是每个老板都向往的？另外，类似"重新出发""二次创业""回归初心"的口号，最近几年我们听到的还少吗？坦白说，企业公开信之类的反思和号召，看似深刻，其实意义不大，我们更需要的是找到症结，对症下药。

我们前面描述的三种产生冗员的方式，最初都有无比正当的理由。"精细分工"的玩法，名义上是为了把工作做得更专业，按照理想的组织来设计岗位；"无限分层"的玩法名义上是为了把管理幅宽限制在合理范畴，也能为员工拓展职业生涯通道，解决职业晋升问题；"细化流程"就更有理由了，用流程来打穿"部门墙"和"隔热层"，来提高效率，这不是很合理吗？

但上述所有的理由，一旦超越企业当前所处的阶段，就无法取得效果，反而会成为被官僚势力利用的理由。试问，有几个领导不希望看到自己的手下是熙熙攘攘的队伍？不想看到大量的下级来"朝拜"自己？不享受自己能掌握一群人职场命运的感觉？

互联网大厂的领导们未必就能脱俗，他们的冗员增加，大概率也逃不过上述的俗套。正因如此，才有了今天大厂创始人们对大企业病的批判。但官僚势力是谁？真的就是大厂里那些腐败的中层或高管吗？

我们都知道金字塔组织里的一个基本原理——**"问题都在前三排，根源还在主席台"**。一个企业如果没有老板的明示或默许的放任，上述"正当理由"都很难被官僚之风利用，大企业病很难形成。而老板之所以放任，本质上还是因为他内心也有权力欲，他也希望享受权力带来的"爽感"。

权力欲是人心里最根本的欲望之一，所有人都一样。但明智的老板应该清楚，他们总需要在私欲和公欲之间平衡。一边是增加冗员满足自己短期的权力欲，但会导致企业效率低下，核心竞争力逐渐耗散；一边是减少冗员，秉持长期主义，围绕核心竞争力建设组织，真真正正创造用户价值。

很多时候，老板们喜欢喊出"回归初心"的口号，他们认为企业在官僚主义里逐渐迷失，忘记了出发的地方，忘记了前进的方向。他们甚至把这种迷失上升到使命、愿景、价值观的虚空高度。但形而上的东西真的不好讨论，**回到企业的生死存亡上，忘记了初心，不就是被自己眼前的胜利所蒙蔽，以为自己是"经营圣体"，忘记了自己的核心竞争力这条生命线，在组织建设上开始放飞自我、胡乱消耗？**

在企业老板中，长期主义者未必就是多数，小农意识、套利投机、守着自己的一亩三分地想当"封建君主"的可是大有人在！但偏偏这些人还满口战略、情怀、梦想，口号一次比一次响亮，"认知"一个比一个高，你说搞笑不搞笑。

EXTREME SURVIVAL
STRATEGY

第 五 章

揭秘战略观的三个误区

通过前文的描述，我们已经明确了企业的核心竞争力才是生命线，而核心竞争力一定是建在组织上的，更明确了不以核心竞争力为支点的组织建设会迷失方向，形成大量的浪费，最终把企业的"血槽"耗光。

道理似乎很简单，但那些天天嘴里在念叨"核心竞争力"的老板们，为何最终会说一套、做一套？

在咨询和顾问工作中接触了太多的企业和它们的掌舵者后，我发现一个让人惊讶但又无奈的事实——大多数企业老板的战略观其实是很不成熟的。正是这些不成熟的战略观，导致了后续的一系列行动偏差。

如果说前面我们描述的诸多问题都是现象，那战略观的问题才是本质。

误区1：重视战略，藐视组织

一个常见的误区是，过度重视战略，希望通过战略出奇制胜，从而对战略寄予了不切实际的期望。其实，战略引领企业发展方向，方向错误，越努力越会与终点南辕北辙。从这个意义上说，再怎么重视战略都不为过。但老板们却不能把发展的所有希望都寄托在战略制定上，误以为战略通了，所有的问题也就一通百通。

一位老板告诉我:"穆老师,现在我算明白了,所有的问题,归根结底都是战略的问题。如果我们的战略正确,企业的发展会越来越好,顶尖人才也就越来越多向我们聚集,我们手中可以分享的利益也会越来越多,这些顶尖人才也会越来越被激发出活力。"

我不置可否,问:"那在您的眼中,什么样的战略才算是足够正确的?"

他回答:"就是在每个关键的时间节点,都要做正确的选择。在过去,我们选错了好几个方向。"

我继续问:"如果回到过去,您如何能确保每次选择都这么准确呢?如果竞争对手也选对了,凭什么你们就一定能胜出呢?"

他回答:"那就要求我的战略思维比对手超前几代,只有这样,我们才能出奇制胜,才能在每个地方都选对,每次都淘汰一定的竞争对手,最后'剩'者为王!"

我笑了:"您绝对是个聪明人,但您的竞对也不傻。要思维比对方超前几代,要你自己每次都选对,大多数对手都选错,这个要求是不是有点太高了?"

这是一种很典型的战略观,对不对呢?我们先看一个跨界的例子。

下围棋的最高境界是"通盘无妙手",其中的代表人物是韩国围棋界的传奇人物李昌镐。他的围棋哲学是"半目胜",即每一步棋只追求51%的胜率。他说,他从不追求所谓的"妙手",也就是那些看似精彩却风险极高的招数。

"妙手"虽然令人眼前一亮,但往往也暴露了棋手的弱点,正如

"大胜之后，必有大败；大明之后，必有大暗"的道理。而且，"妙手"往往都是通过灵感涌现得来的，难以通过刻意练习形成稳定输出，往往不可持续，一旦灵感枯竭，则陷入僵局。

相比之下，"通盘无妙手"的策略则显得更加稳健，即每一步棋不追求跌宕起伏，而是都略胜对手一筹，积小胜为大胜。真正的高手一定是常胜将军，他们的常胜并不是靠随机涌现的灵感来滋养的，而是累积平凡来铸就非凡，稳定是他们的内核。

大部分企业老板其实都在追求一招致命的"妙手"。他们夸大了战略的功能，把战略演绎为各种各样的"万能灵药"。

相当一部分老板习惯把战略等同于"定位"。有一部分老板认为，只要能够找到一片舒适的蓝海，成功就唾手可得，他们坚信自己有独特的眼光能看到别人看不到的市场。

更大一部分人把"定位"理解为在客户心智中的"定位"。他们认为，一旦通过某些品牌技巧（如视觉形象、品牌口号等）抢占了客户心智，企业就能走上快速发展的康庄大道。这种执念有多重？他们甚至喊出了"在定位的世界里，只有认知，没有真相"这类口号。

如果说前面两种思路都还是在战略的范畴进行探讨，**另一种思路则完全走偏了**，这些老板把战略理解为"投机"或"套利"，也就是简单的低买高卖、统购分销，为了让这种简单生意变得持续、变得排他，他们还会试图寻找公权力的庇护。由此，战略简化成了"打通关系""获得特许"。

寻找"妙手"的执念，让大量企业老板的经营充满了极大的"赌性"，他们在 All In（把筹码全部投入）时异常豪气，都是在畅想用"大筹码"换"大结果"，他们相信自己是最终会成功的"天选之人"，从来不会为自己留后手。自然，他们认为组织建设是细节，不值得去投入精力。

从战略观上看，美团的王兴就是"通盘无妙手"的坚定支持者。回看美团的战略布局，它在每一步都有精确的计算，虽说小错不断，但其实，所有的"错"都是计划好的"试错"，都是为了最终走向正确。

其实，支持美团一步步试错、一场场小胜的，正是它的组织建设。它没有寄希望于通过一场战役赢得整场战争，而是希望通过组织来步步为营。在组织建设上，美团提出最多的口号是"苦练基本功"。

误区 2：甩锅组织，战略狂妄

在战略上的另一个误区是，把战略的失败甩锅于组织太弱，人才不足。

一位知名女性企业家为自己的企业定下了几个进军新行业的战略，最终却无奈一一折戟。但她坚持，自己的战略判断没有问题，只是组织的执行力出了问题。

坦白来讲，她可能误解了战略。**所谓战略，不是那条会成功的路，而是那条你能走成功的路**。换言之，我们不能只看市场有什么空间，还应该审视自己的资源约束、时间约束，以及判断对手的强弱，这样才能找出"自己能走成功的路"。

如果只看市场前景抛出所谓的"战略"，那这种"战略"本身就是臆想，没有任何价值。信不信，我可以随口抛出若干个"廉价战略"？

- AI一定是大赛道，尤其是低算力AI！
- 太空旅行一定是大赛道，尤其是廉价的太空旅行！
- 生命科学一定是大赛道，尤其是治疗癌症、艾滋病等的技术！
  ……

说实话，我喊出这些所谓的"战略"时，自己都脸红。但把这些视为战略的老板们可不这样想，这种大方向就是自己的战略，而且必须成功！

资源约束？不存在！他们认为没有资源可以整合资源，关键是看人才能不能干。竞对约束？不存在！他们认为没有竞对可以阻止自己，对手都是菜鸟。时间约束？不存在！一定要速赢方案，年底就要出结果！

稍微有人提出异议，立即会遭遇老板的回怼："干部唯一的信仰应该是打胜仗！""所有的事不行，都是人不行！""不要老是想困难，怎么不多想想办法？""只要思想不滑坡，办法总比困难多！"这些话其实都没错，但放到一个虚无缥缈的大方向上，怎么看都有点别扭。

其实，关键的问题出在对于战略的理解上。如果把这种大方向看作战略，其实就是没有战略，在没有战略的情况下要获得成功，自然只有依靠超强的组织。于是乎，老板就会对组织提出不切实际的要求，甩锅组织自然也成为"战略"失败后的必然选择。

战略不是大方向，而是在大方向的基础上，考虑各种约束条件后的"突围思路"，所以，战略一定是有画面感、脚踏实地的。举个例子，现在80%以上的企业，都会在自己的战略口号中加入"数字化战略"。但说白了，你加不加这个战略，商业的未来都一定是数字化的，与其喊点口号，不如把如何做数字化，从哪个模块（采购、生产、销售、服务等）切入数字化，如何与竞对做出差异，数字化要达成的客户体验等事情阐释清楚，这才是数字化方向上的真正所谓战略。

进一步看，如果没有具象化出"突围思路"，战略就很难在组织层面上进行验证，其正确与否就很难判断。

正常的逻辑是，企业制定出"突围思路"，而后通过组织的分工协作来承接、落地。**如果战略的正确性得到印证，一定会在其被执行的过程中产生两种直观反馈：一是感觉到内部运行顺畅，战略可落地；二是感觉到外部优势扩大，战略有希望。**如果这两点反馈没有发生，那么，就一定是战略出了问题。

大多数时候，战略验证失败，是战略本身的问题。这些战略往往脱离当前组织的实际情况，幻想出关键领域的超级英雄、部门间超强的协作性、员工近乎疯狂的作战能力……其实，有了这些核武器级别的筹码，有没有战略，真的无所谓。但问题是，只有凤毛麟角的企业才可以获得这些组织条件，所以，企业只有去修正战略，以便让组织发挥特长、屏蔽短板。

也有时候，战略验证失败，说明了组织的问题。在某些企业里，组织的建设是滞后的，功能是欠缺的，以至于它们只能运行常规的事务性工作，根本不能承接执行战略所需要的创新动作。战略验证出了组织建设的欠账，就应该抓紧时间去补齐，这个是绕不开的。

暂且不提组织的问题，我们还是回到战略的制定上。现实点说，我在咨询和顾问生涯中接触过这么多的企业，没有任何一家企业是直接就能把战略一步到位定对了的。正因为战略不是大方向，而是具体的"突围思路"，正确的战略一定是通过"假设→实践→修正→再实践"的方式不断循环，逐渐探索出约束条件，最终无限逼近真相。

所以，每次当我听到老板告诉我"穆老师，我们公司的战略已经很成熟了，您只要帮我们建好组织就行"，我就很明白，他们的战略一定不是真正的战略，最多是个大方向，而且我几乎可以断定，老板已经做好了要向组织甩锅的准备。

其实，老板心中都没有正确的战略观，何谈战略呢？

误区 3：割裂战略与组织

上面的两个误区，又都指向了企业老板普遍的深层执念——喜欢割裂战略与组织，用"头痛医头，脚痛医脚"的模式来解决问题。

其实，这种模式也并非为了解决问题，有可能只是为了让问题看起来更加简单，让自己能够"自洽"。因为只要问题变得简单，就可以引入特效药嘛：也许是战略上的特效药，所以他们才会寻找战略上的"妙手"；也许是组织上的特效药，所以他们才会寻找组织上的超强执行力和超级英雄。

问题是，如果问题真的这么简单，可以凭借特效药来解决，为什么一直拖到现在？难道是卖特效药的那些人嫌钱多，不做你的生意，不卖给你吗？又或者是，你以前没有觉得这是个大问题，不想解决？

现实是，这个问题之所以拖到现在还没解决，就是因为它是个系统问题，很难通过特效药被短平快地解决掉。问题一直摆在那里，真能解决的话，早就解决了。说到底，解决战略或组织问题的特效药根本就不存在。

要解决战略的问题，必须从组织上升维看，只有如此，才能验证战略的优劣，并确保优秀的战略能被组织承接，转化为企业实际的竞争优势；要解决组织的问题，也必须从战略上升维看，只有如此，才能确保组织的排兵布阵、调兵遣将是指向战略目的的，让优秀的组织有的放矢，没有一丝一毫的浪费。

战略和组织，经营和管理，从来都不是彼此割裂的"二选一"，而是一枚硬币的两面，需要系统理解。 反过来说，离开一面谈另一面，无论观点再深刻，描述再炫酷，都是无法验证的空谈，毫无意义。

但现实却会带来让人哭笑不得的反馈，当我们稍微把问题分析得系统一点，大多数老板马上看到的是巨大的执行成本，而后就会默默地把问题挂起来，还留下一句灰太狼一样的"狠话"——我还会回来的。解释是，我们现在没时间处理这些问题，以后一定会处理的。至于"以后"是什么时候，就很难说了。

这里有一个很鲜活的例子。

2024年，不少企业都在减负求生存，一位相识的老板主动找到穆胜咨询，希望能为他们提供降本增效方案的服务。

我和他通话简单交流了一下，而后基于他介绍的情况，给出了自己的判断：一是战略不够清晰，没有明确核心客群以及支撑客户体验的核心竞争力，需要聚焦；二是战略没有被有效解码，成为中高层的具体责任；三是没有在组织层面对接战略，进行绩效考核的闭环。我认为，这三步里的每一步都可以过滤出企业的某些浪费，走完这三步，才能最大程度确保企业的支出都是在"为战略买单"。

这位老板有点惊讶:"这样看来,好像事情越做越多了。我的想法是找到一个对症下药的方子,可以解决当下的'降本增效'问题。"

我认真回复:"你们的问题,本来就不是一个简单的'降本增效'的问题,你们现在的浪费只是现象,不是本质。出个'降本增效'的方案,可以暂时止血,但伤口还没有愈合,治标不治本。"

这位老板想了想,还是说:"您说得有道理,我当然也是想要解码战略、升级组织的,但我们现在还不具备系统解决这个问题的条件,还是等以后再慢慢来解决这类系统问题吧。"

说到这里,我也很清楚他的预期了,于是只能尊重、祝福。

"应个急"的思路我可以理解,但不赞同。如果商业环境有足够的容错性,应急后保持平稳,未尝不是一种思路;但如果商业环境已经足够严苛,大家都已经开始"卷"起来了,应急的做法可能过于保守,会让企业的竞争优势逐渐消失,从而失去生存的底气。

复杂的环境里,最稳妥的一条路,可能是死路。

中篇
EXTREME SURVIVAL STRATEGY

极限生存战略

在严苛的商业环境里,企业的生命线是核心竞争力,而效能(efficiency)代表了核心竞争力的强弱,成为企业的最大生存法则。市场的竞争一定是淘汰效能低下者,穿透**效能视角**才能夯实企业生存的底气。**这种以效能为导向构建核心竞争力、谋求在牌局中"不退场、求不败"的做法,被我们称为"极限生存战略"**。奉行"极限生存战略"的企业不必过多关注对手,只需要把自己"卷"到极致,因为越来越严苛的环境会帮它们清场。

基于极限生存战略的理念,企业应该在需求侧重新校准灯塔客群的有效需求,在供给侧依托组织建设核心竞争力,形成坚实的战略内核(利基市场)。当供需两侧足够明确,企业就可以在各类业务上重新校准人力、财务两项资源的投入,形成聪明的投资组合,确保两类效能最大化。

聪明的投资组合,应该是在各个业务里有收有放,既能"守底线",也能"拉均线",更能"争上线"。企业在这种操作思路里,算的是一个总账,求的是**概率可控条件下的产出最大化**,换言之,企业理性的期望值是故事(未来的战果)和概率的乘积,低概率的故事自然会被屏蔽掉。

EXTREME SURVIVAL
STRATEGY

第六章

什么是极限生存战略

经济在周期性规律里开始下行时,企业更多需要考虑的是生存问题。而在上篇的最后一章里,我们把企业出现的生存问题归咎于老板的战略观不够成熟。这意味着,如果企业要有更足的生存底气,必须为过去的不成熟补课,形成一种"从战略到组织"的完整战略思维。

一方面,我们需要重新锚定战略,在严苛的环境里寻找到竞争优势;另一方面,我们需要重新锚定组织,以最精简的投入来支撑战略。当我们在这两个方面都形成了新的认知时,就会发现企业的经营管理已经进入了一种"积极过冬"的状态,它们是在防守,但每一次防守都是在进攻,这就是我定义的"极限生存战略"。

穆胜的战略观

要锚定战略,首先要定义战略,因为太多的话题都被冠以战略之名,有关战略的讨论很难形成有效结论。

这里明确一下,**以下提及的战略是指竞争战略(competitive strategy)而非合作战略,是指某类业务的战略而非整个公司的战略**。以这种有边界的"战略"作为切入点,我可以用原创的"战略制定MP3模型"(见图6-1)来谈谈自己的战略观。这里先谈三个概念。

一是战略内核。

在我的定义中,战略有很多外延,但决定战略成败的永远是"战略内核"。"战略内核"由两个部分组成：一是在需求侧，基于对客户群体的深度理解，形成垂直细分的"灯塔客群"；二是在供给侧，基于自身的核心竞争力，规划出产品、服务或解决方案。

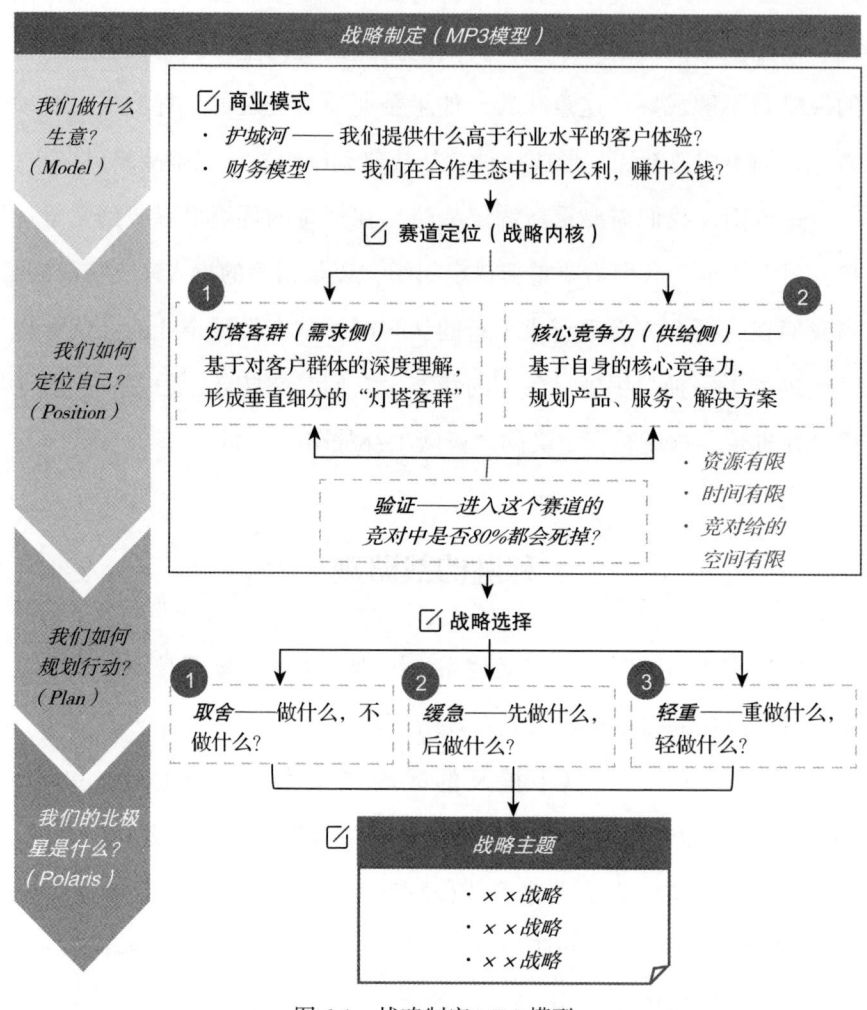

图 6-1 战略制定 MP3 模型

资料来源：穆胜咨询。

事实上，只要锚定灯塔客群的深度需求，并基于核心竞争力提供各类供给，80%的对手都很难进入你的赛道，企业的战略内核就会异常坚固；反之，企业一旦在核心客群设定上贪大求全，并且在核心竞争力上也没有明显长板，更没有把它表现在产品、服务或解决方案里，其战略内核就会逐渐涣散。

二是战略选择。

为了形成并强化自己的"战略内核"，企业必须积极地采取战略行动。理论上说，企业为了达到目标，满足自己锁定灯塔客群的深度需求，需要做的事情很多，这通常会是一张长长的"愿望清单"。但我们应该考虑几个约束条件来制定战略行动：

- **资源限制**——我们究竟有多少资源去达成这个目标？
- **时间限制**——我们究竟有多少时间去达成这个目标？
- **竞对限制**——我们的竞争对手究竟给了我们多少空间？

不难发现，上述三个限制中，任何一个限制被取消，企业都没有必要讨论战略。战略的意义，正是在于在这三个约束条件中求最优解。有了这几个限制，企业就可以做出具体的战略选择：

- **取舍**——做什么，不做什么？
- **缓急**——先做什么，后做什么？
- **轻重**——重做什么，轻做什么？

如此一来，原来长长的"愿望清单"会变得更加实际。事实上，在一段时间里（例如一个三年的战略周期），企业可以采取的战略行动是非常有限的。当然，我们也不能排除一种情况，即在考虑资源、时间、竞对的约束条件后，企业根本没有合适的战略行动去实现原定的灯塔客群的深度需求。此时，就需要回到上一步，重新规划战略内核，缩小灯塔客群的范围，深挖这个群体的深度需求，规划相应的核心竞争力。

三是战略主题。

有了实际的战略行动，企业就可以把这些行动进行聚类，总结出几个战略主题。事实上，在战略行动的清单里，一定有若干战略行动指向同一主题，它们互为支撑，形成 1+1＞2 的协同效应。而那些最终无法聚类的战略行动，犹如战略布局上的闲子，并没有太大意义，应该及时把它们清理出清单。

当然，要发现这些战略行动之间的联系，找出它们共同的指向，还是存在相当难度的，需要战略制定者具备全局视野、专业功力。这一步既需要严谨的逻辑思维，也需要一些创意思维，可以说是理性和感性的结合。那种被真正成功提炼出来的战略主题，有两个特征。

其一，它基于对现状的不满意而产生，拒绝按照现有的趋势来做线性增长。换言之，如果上一个战略周期就提出过的，这个战略周期就不用重复，重复的应该是业务，不应该是战略；如果不能让企业的增长跳出现有趋势，还不如不提炼这个战略主题。

其二，它一定会让人产生"一针捅破天"的感觉。它不会带来马上的成功，但却明确指出了一个最有希望的方向，给出了一个在这个方向上撬动指数级增长的"杠杆解"（见图 6-2）。

需要说明的是，一个企业在一段时间里的战略主题不应该超过3个，否则就会不够聚焦。其实，这种战略主题的提炼，就是很多企业最终写到文件里、用于内外部宣传的"××战略"。

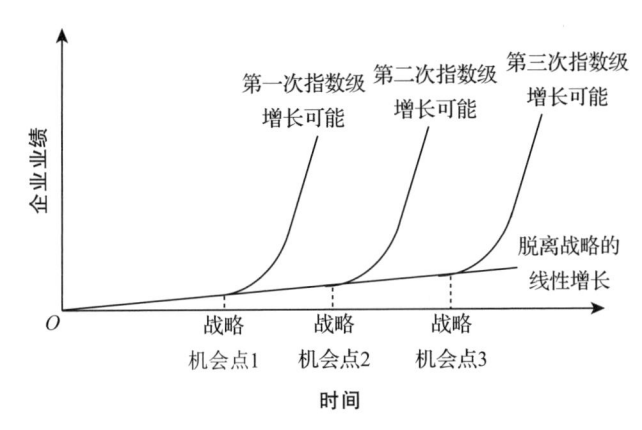

图 6-2 战略形成的指数级增长

资料来源：穆胜咨询。

重新锚定战略

在上面的三个概念里，战略内核是基础，战略选择和战略主题其实都是为了建立并强化战略内核。重新锚定战略，说到底就是重新定义战略内核。

我们无比重视战略内核的意义在于，企业的资源总是有限的，必须把资源投入到核心客群的需求上，做持续的"饱和攻击"，才能建立客户黏性，才能强化核心竞争力（相对竞对的优势），才能有持续的生存和发展。如果战略内核不清晰，企业就会在非战略领域投入大量的资源，导致"撒胡椒面"一样的布局，客户关系越来越浅，核心能力越来越退化，最终全面溃败。

可以说，无论企业现有规模如何，它们都应该建立强大的战略内核，只有基于强大的战略内核，企业才具有成长的动力和进退的边界，才能够生生不息。美团的王兴对于外界批评其四面出击有个论断——**太多人关注边界，而不关注核心**。其实，他所谓的核心，就是"战略内核"。从后续的发展来看，美团在四面出击之后依然势头正猛，其战略内核的威力可见一斑。可以说，他们是真正想清楚了自己的战略。

相较之下，很多企业的"战略"其实并不是真正意义上的战略，因为这些"战略"并没有诠释企业的战略内核，也没有陈述如何去强化战略内核，更像是一些对市场趋势的大判断，甚至是千篇一律的口号。

例如，有的企业号称"All In"某某业务，提出了某某业务战略，这种战略意义不大，其实就是选择顺应某个大趋势而已。要让这个伪"战略"真正成为战略，就必须说清楚，做这个业务针对的灯塔客群是谁，他们的深度需求是什么，自己准备用什么其他竞争对手没有的错位核心竞争力去满足这些需求。进一步看，还必须说清楚，要形成这种战略内核所需要采取的几个方向的战略行动。

当然，要让老板带头说清楚这几件事，其实很难。因为，战略内核的导向是让企业做减法，但这是逆人性的，因为选择人人都会，而放弃人人不舍。

确定企业的战略内核，其实就是确定企业的"利基市场"。所谓利基市场，源自对英文"niche market"的音译，可以简单理解为"大市场中的细分小市场"，但这个理解显然还不够深刻。

追根溯源，对这个概念的一个解释是，niche 作为法语的背景故事。法国人信奉天主教，在建造房屋时，常常在外墙上凿一个神龛，以供奉圣母玛利亚。这个神龛地方不大，但边界清晰，"洞里藏乾坤"，内核坚定，承载了一家人的信仰。另一个解释是 niche 的英文意思，即悬崖上的石缝，可以作为人们在登山时借助的支点。

20 世纪 80 年代，美国商学院的学者们开始将这一词引入市场营销领域。菲利普·科特勒在《营销管理》中给利基下的定义为："利基是更窄地确定某些群体，这是一个小市场并且它的需要没有被服务好。"显然，这个小市场里的客户需求有其独特性，不同于大市场里的同质化需求，这种独特是现有市场的巨头没有覆盖的，也是新兴的机会点。

正是因为这种原始定义，寻找利基市场是大多数创业型企业的战略。它们一开始并不在大市场开展业务，而是通过识别较大市场中的利基市场（新兴的或未被发现的市场）获得发展。

而现在，我坚持把利基市场作为所有企业战略的支点，即战略内核。原因在于，只有利基市场才是企业真正坚固的阵地。经济上行期的企业可以依靠泡沫生存，但当经济下行压力增大时，企业必须脚踏利基市场这个支点，才有生存的可能。

很多企业抱怨现在客户的预算减少，于是放弃了对它们产品的购买。但这其实是一个伪命题，客户只要还在花钱，就必然会保留一些购买，放弃了它们，只能说明它们不是刚需。它们抓住的只是大客户群体的一些浅层需求，是痒点；而非灯塔客户群体的深层需求，即不是痛点。换个更直接的说法：过去，客户的购买是因为他们"还有钱"，而现在客户的购买一定是因为他们"真需要"。

重新锚定组织

当企业确定了战略内核，找出了自己的利基市场后，它们就需要重新锚定组织来支撑战略。

传统金字塔组织的问题在于，它导向了每个部门、团队、岗位都守着自己的一亩三分地，强调自己的所谓专业，索要大量的预算，而不对客户体验负责。这样的组织设计，不仅浪费巨大，还耗散了核心竞争力，难以支撑战略。换言之，无论战略有什么变化，组织的运作依然照旧，事情越做越虚，效能一直下滑。这被很多老板误以为是执行力的问题，会追究到干部的态度。其实这是一个天大的误会，干部再有事业心，一旦陷入这种组织里，就会被环境改变为"俗人"。

要重新锚定组织，企业应该将组织设计校准调整到**"最有利于产生核心竞争力，最有利于创造客户体验的状态"**。这里有两个层面的操作空间。

第一层，企业可以实施组织精炼。

有大量资料显示企业在人力资源上的浪费相当惊人，人工成本浪费推测在20%～55%[一]（见图6-3）。如果企业能够去除这些与核心竞争力和客户体验无关的冗余，就能显著强化核心竞争力。由于核心竞

[一] 这里的数据结论是综合上述研究，参考穆胜咨询在实践中接触的样本进行的非精确推算。

争力穿越部门而形成，更少的冗余能明确责任，减少内部的交易成本（不同部门、团队、人员打交道的成本），让协同更加顺畅。这可能有点颠覆企业的认知，但大多数时候，协作链条越简单事情反而做得越专业，效能也越高。在组织设计上，"三个和尚没水喝"反而是最朴素的真理。

20%
的编制/人工成本可被削减而业绩不受影响
（根据穆胜咨询2022年的泛行业研究）

10%
的员工没有产出有效业绩，反而会形成负面影响
（按照企业公认的"361"或"271"的强制分布原则）

人工成本浪费
20%～55%

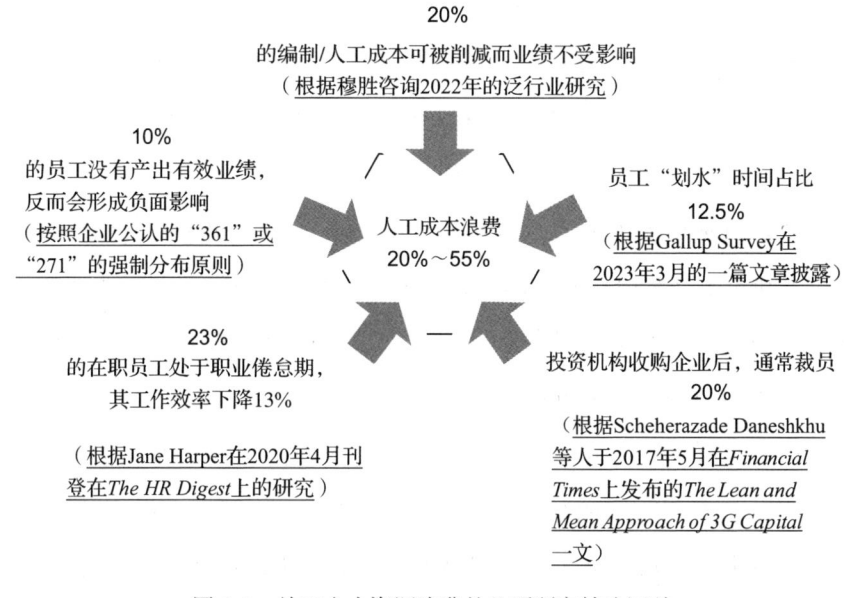

员工"划水"时间占比
12.5%
（根据Gallup Survey在2023年3月的一篇文章披露）

23%
的在职员工处于职业倦怠期，其工作效率下降13%
（根据Jane Harper在2020年4月刊登在 The HR Digest 上的研究）

投资机构收购企业后，通常裁员
20%
（根据Scheherazade Daneshkhu等人于2017年5月在 Financial Times 上发布的 The Lean and Mean Approach of 3G Capital 一文）

图6-3 关于人力资源浪费的几项研究结论汇总

资料来源：穆胜咨询。

第二层，企业可以推动组织转型。

组织精炼的确能够起到立竿见影的效果，但这种操作却存在一个天花板，因为即使我们将组织变得无比精简，但对于每个部门、团队和岗位的评价，依然是只能考核它们所在位置的目标或KPI。它们依然是独立的、串联的，依然不为最终的客户体验和经营结果负责。在

这样的导向下，精炼后的组织仍然有可能变得臃肿。就像大多数企业里那些看似职责明确、身背 KPI 的部门，它们所追求的"专业"其实和企业的经营没有丝毫关系。

如果企业有足够的决心，它们应该选择推动组织转型，通过打造平台型组织（platform-based organization）来支撑战略。这类组织模式里，所有的组织建制都以客户为中心，瞄准核心竞争力。

从**中后台职能部门**来看，它们为前台提供创造客户体验的资源或能力，而且会派出 BP（business partner，业务伙伴）到前台参与一线作战，确保这些赋能能够真正落地。

从**前台业务单元**来看，针对不同的灯塔客群，相关的前台核心角色会与中后台 BP 组成并联的经营单元，在投入对赌[一]并获得企业授予的决策权、人事权和财务权后，以类似公司的方式独立运作，共同对其客户体验与经营结果负责。

按照这样的运作逻辑，企业内的所有角色的主要利益几乎都来自客户买单，而且大家的利益相互交织，你中有我，我中有你，形成了多层的并联。这样一来，大家几乎成为命运共同体，他们不再会向企业索要无用的人力，因为他们要考虑这些人员会消耗他们的成本，分走他们的利益。

对于组织设计上的两类操作，我们都以减少冗员作为直接目标，这也是当下诸多企业的共同选择。

过去，企业的人力预算充足，组织建制是有富余的。那个时

[一] "对赌"通常为一部分浮动工资，将其作为"对赌"后，将按照参与对赌者的业绩承诺是否实现，来决定"对赌"是否发放。

候，很少有人会关注人效，人力资源浪费的泡沫还会被冠以"提前储备""战略眼光"之名。而现在，企业的人力预算有限，组织建制自然应该投放在最需要的地方，即放在支撑战略内核上，人效自然也成为关键的经营指标。

高人效带来的竞争优势非常明显：

其一是直接的兵力优势。如果一个企业通过组织设计去除了人员冗余，它就拥有更多的人力筹码，能够形成关键战场的兵力优势。举例来说，同样是 1 000 万元的人工成本投入，A 公司的组织设计相当浪费，有 200 万元雇来的人是不产生实际价值的，而 B 公司的组织设计相当精简，1 000 万元雇来的人全部可以产生价值。那么，在竞争中，B 公司就有了更多的有生力量去投入到某个关键战场。在这个战场上，即使两家公司人效一致[○]，但 B 公司形成了兵力优势，就能获得更好的业绩，并最终胜出。

其二是深层的正向循环。人效提升，代表企业的竞争力提升，自然可以分得更多的市场蛋糕。如此一来，企业用于激励的筹码就越多，激励的对象就越少，单位对象接受的激励就越丰厚，而且激励会越来越向奋斗者倾斜。这个循环会在一次次的运转中得到强化，让企业变得坚不可摧。

○ 假设在某个关键战场上，双方都是投入 1 个人，产生 20 万元的利润，即人效一致。但是，因为 B 公司的组织设计更加合理，没有人员的浪费（例如臃肿的中后台职能部门），他们就可以在这个战场上布局 200 人，而 A 公司只能在这个战场上布局 100 人，那么 B 公司产生的利润就是 4 000 万元，而 A 公司产生的利润就是 2 000 万元。

极限生存战略

如果一个企业按照上述方式重新锚定了战略和组织，它就进入了一种强有力的生存状态。

这种生存状态体现出企业不同于传统的竞争理念：它们不追求"招式猛、制胜快"，而是执着"不退场，求不败"；它们深耕灯塔客群的根据地，从精心设计的组织里提炼出核心竞争力，通过在利基市场里创造效能优势（efficiency GAP）来累积生存筹码（容错空间）；在商业环境逐渐严苛的过程中，它们以生存来求发展，以防守来做进攻，通过"卷"自己来"卷"对手，最终让环境的变化来清场，实现剩者为王。我把这种战略选择称为"极限生存战略"。

其实，这种战略的提出，并非从 0 到 1 的开创，更像对过去战略观的传承、整合，当然，也是在新的商业环境中的应用。

先说传承，这部分基于战略理论中的某些类似公理的存在，不随商业环境的改变而改变。

我主张深耕利基市场的战略观，来自迈克尔·波特的竞争优势理论。他在自己划分的三类竞争战略中提出了聚焦（focus）战略，主张瞄准一个利基市场，在其中通过差异化或低成本建立竞争优势。

我主张以核心竞争力来竞争的战略观，来自 C.K. 普拉哈拉德和加里·哈默的核心竞争力理论。他们在自己的理论中主张通过集体学习来形成组织协同，建立某些领域的核心竞争力。事实上，核心竞争力理论很大程度上是基于对竞争优势理论的批评提出的，他们认为，依靠外部定位形成的竞争优势不可持续，应该将注意力放在企业内部。

再说创新，这部分是应新的商业环境而产生的，极端的条件激发了新的认知，让战略理论的版图变得完整。

当经济下行压力加大，大量行业都可能面临市场缩量，客户购买力普遍下降。于是，他们削减预算中的若干项目，对于依然选择购买的产品、服务和解决方案则要求极致低价，同时要求超级体验感。也就是说，客户开始把性价比的要求提升到一个相当的高度，不能匹配这种要求的企业自然会被淘汰。

请注意，这种商业环境不同于我们之前提及的 VUCA[⊖]。VUCA 概念流行的年代，尽管商业环境带来了若干的未知，但整体来看，经济周期还是上行的，客户的购买力并没有受太大影响。他们可能转移自己的购买，造就了一个个新兴品牌的崛起，但很难让那些没有犯大错的企业被淘汰。在客户不断增加的预算里，始终为老玩家留有一杯羹，这让它们依然能够生存。所以，那个时候企业频频提及 VUCA，无非是对环境的一些小小抱怨或大大预期，犹如孩子在祈求父母帮助时的撒娇。

但现在的商业环境却大不一样，客户在缩减预算后，必须重新审视自己的需求，将钱花在最需要的事情上。当市场中的需求远远低于供给时，这个市场就开始变成一片红海，进入了"内卷"节奏。这个时候，企业希望快速摧城拔寨、一统行业的想法就不太现实了。为了

⊖ VUCA 是 volatility（易变性）、uncertainty（不确定性）、complexity（复杂性）、ambiguity（模糊性）四个单词的首字母缩写，最初是军事用语，而后被普遍用于描述商业环境。

确保自己的生存，企业需要形成极致的性价比，只有如此，才能生存。**显然，企业的竞争战略需要导向"效能为王"。**

过去的经济周期中也出现过萧条的时段，但那是在工业经济时代发生的。工业经济时代的环境相对稳定，受限于当时的技术，每个市场里的竞争者都同质化严重，固定份额的蛋糕已经被有序分配。面对萧条，这些竞争者无非整体按比例缩量罢了，具备竞争优势的企业虽然受到挑战但依然生存无忧。它们不需要制定特别的战略来维持生存，现有的竞争优势就是它们的底气，竞争对手很难超车。

但现在数字时代的商业环境中充斥着太多的未知因素，新技术带来了新的商业趋势，每个市场都有可能重新洗牌。企业必须精准锁定灯塔客群，深挖其需求，还应随时校准自己的产品、服务、解决方案，才能形成客户黏性，守住自己的这块"根据地"。显然，**企业的竞争战略需要导向"无限敏捷"。**

在数字时代的未知中面临经济下行压力加大的局面时，企业的竞争战略应该有新的内容。无论是引领产品、服务和解决方案性价比的需要，还是锁定灯塔客群形成黏性的需要，企业都必须关注效能（投产比）。**效能是性价比的底气，也是观测客户黏性、确保敏捷的窗口，"极限生存战略"的创新之处，正是在于对效能的执着。**

企业的效能分为财效（financial efficiency）和人效（HR efficiency），而由于人是资源流转的中心，所有的营收、成本、费用都是以人为中心在发生的，因此人效很大程度上决定了财效。穆胜咨询 2010 年基于 A 股上市公司的大样本研究结果进一步证实了这种观点，研究显示，在互联网属性的企业里，人效每变动一个单位，财效会同向变动 4.33

个单位。○考虑当下互联网已经成为经济的基础设施，人效的这种杠杆效应也很大程度上适用于泛行业。

这种趋势并不是主张企业去做"一刀切"式的人员裁撤，因为这种粗暴裁撤往往伴随着对于业务结构的破坏，即很有可能裁到业务的关键环节，俗称"大动脉"。**当业务结构被破坏，业绩产出自然坠落，此时人员再精简，获得高人效的结果也是暂时的，只是企业的"回光返照"**。这种数据不仅没有任何意义，还极具破坏性。

按照"人效至上"的健康导向，企业所有的组织建制都必须对"核心竞争力→灯塔客户刚需"这个路径有所贡献，它们的业绩都必须对准这条路径，支撑核心竞争力的建设，并创造客户体验。这显然会让企业的组织设计导向新的方向。一个典型的现象是，过去大多数中后台部门都喜欢强调自己在控制风险，喜欢说"缺了自己会怎么差"；但现在，它们得用贡献说话，必须证明"有了自己能怎么好"。

这就是我如此重视组织设计的原因，这也是"极限生存战略"的创新之处。事实上，核心竞争力一派的学者，已经将大量精力投入到了对于组织的研究中。2016 年，我在青岛与核心竞争力理论创立者之一的加里·哈默见面交流时，他的观点充满了对金字塔组织的批判，也满腔热情地展望着组织进化的可能性。他推崇的海尔，其实采用的就是平台型组织的模式。

回到我们对于人效至上的关注。可以说，如果要让金字塔组织和

○ 这种现象被我称为"管理双杀效应"。这一概念出自我在《中欧商业评论》2019 年 2 月刊上发表的《警惕财务与 HR 效能的"双杀效应"》一文。对于这一概念的实证研究，详见《人力资源效能》一书中附录 2A《管理双杀效应真的存在吗？——基于两个行业 168 家上市公司的证据》。

平台型组织比人效，是炮弹比核弹的效果，两者根本就处于两个不同的能量级别。从宏观结构上看，平台型组织是最节约人力成本的，因为它可以实现组织建制的极度共享；从微观个体上看，平台型组织中的员工由于利益绑定，有类似创业者的心态，战斗力、协同性与一般的职业人大不相同。

这样的组织，显然更轻、更快、更强；这样的组织模式，才是企业追求极致性价比、形成灯塔客户黏性、实现"极限生存"的终极答案。

EXTREME SURVIVAL
STRATEGY

第 七 章

寻找灯塔客群的有效需求

在我的战略观里，灯塔客群是一个很重要的概念。灯塔客群的范围，决定了核心竞争力的内容，决定了产品、服务或解决方案的形式，决定了相应的组织设计。可以说，选择灯塔客群就是锚定战略的起点。

尤其在经济增速放缓时，企业的资源有限，锁定灯塔客群就显得更加重要。因为，利基市场之外的投入，可能都会形成"无效营收"，也就是企业最初投入代价巨大，但最终却守不住的地盘。这些营收，不是蛋糕，而是陷阱。

道理显然是这个道理，但很多人却不一定认可。一来是大多数企业都会高估自己的核心竞争力水平，认为自己强大到足以覆盖市场上的大多数需求。最没意义的话是："没有这个资源，我们可以整合资源；没有这个能力，我们可以培养能力。"二来是面对那些似乎存在可能的客户，似乎能够"唾手可得"的营收，很少有老板会抵制得住诱惑。最没意义的话是："能赚的钱为什么不赚呢？不赚钱就是战略吗？"

现实中，这两种认知上的坚持很难被改变，也没有必要去交流。所谓人教人，百无一用；事教人，一次入心。寒冷的市场会让秉持这些观念的人为自己的幼稚买单。这里，我们只需要解释清楚核心客群及相关的逻辑，有心之人自然会一悟百得。

客户分类矩阵

客户总是综合价格和质量两个决策因素，进行最终的购买选择，利用这两个标签，我建立了一个简单的客户分类矩阵（见图7-1）。

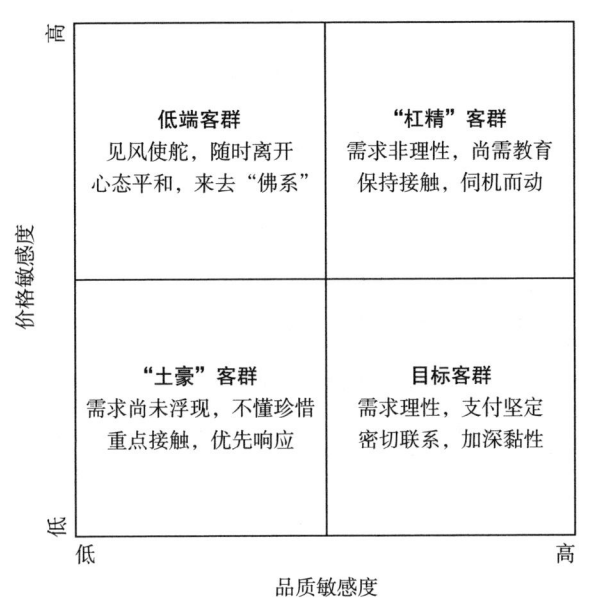

```
                     品质敏感度
           低                              高
      ┌─────────────────┬─────────────────┐
   高 │   低端客群       │  "杠精"客群      │
      │ 见风使舵，随时离开 │ 需求非理性，尚需教育│
价    │ 心态平和，来去"佛系"│ 保持接触，伺机而动 │
格    ├─────────────────┼─────────────────┤
敏    │  "土豪"客群      │   目标客群       │
感    │ 需求尚未浮现，不懂珍惜│ 需求理性，支付坚定│
度    │ 重点接触，优先响应 │ 密切联系，加深黏性│
   低 └─────────────────┴─────────────────┘
```

图 7-1 客户分类矩阵

资料来源：穆胜咨询。

- **低端客群**——对价格高度敏感，但对品质却得过且过，他们见风使舵，随时可能离开，价格是唯一的信号。所以，这种客户并非目标，对他们应该心态平和，来去"佛系"。

- **"杠精"客群**——对价格高度敏感，对品质也有很高的要求，他们不懂行情，但极度追求"物美价廉"，需求是非理性的。所以，对这类客户可以保持接触，伺机而动。当他们经过了市场的教育，需求回归理性，愿意支付合理价格时，才会成为有效流量。
- **"土豪"客群**——对价格不够敏感，对品质也无所谓，他们的需求尚未浮现，不会懂得产品的好，购买仅仅是因为有钱。面对这类客户，可以重点接触，当他们的真实需求浮现时，也要优先响应，毕竟他们是真有支付能力的。
- **目标客群**——对价格不够敏感，对品质却高度敏感，他们需求理性，知道产品好在哪里，也愿意支付合理的对价。做这类客户的生意，企业才可能获得合理利润，并得以持续发展，因此，企业应该不顾一切地与他们建立联系，并全力加强黏性。

理论上讲，依靠上述客户分类矩阵，一个企业完全可以简单地把自己的客户进行分类，因为矩阵中的横纵维度相当清晰。但问题是，客户在最开始都是会伪装的，没有客户会承认自己计较价格，更没有客户会承认自己不计较品质。大多数客户在与企业接触之初，表现出来的状态都是"预算肯定有，但一定要求产品好"，看看，这不就是伪装成目标客群吗？

要戳破这些伪装，还是得运用一点经验。

一方面，无论提及任何品质，客户都觉得价格太高、自己不划算的，一定是高价格敏感度。平心而论，任何品质都有个对价，高质对高价，低质对低价，企业要主张自己的价格，肯定会拿出品质的证据，毕竟都在接受客户选择，不太可能出现完全的漫天要价。但某些客户受限于自己的购买力，或者没有为这个产品（也包括服务、解决方案等形式，下同）规划出足够的预算，他们就一定会进入这种高价格敏感的状态，说白了，就是总想捡便宜。客观来说，他们并不真正需要这个产品。

另一方面，不愿意进行关于品质的深度探讨，只谈量不谈质、关注表面交付的，一定是低品质敏感度。有的客户，他们口头重视质量，但对产品却知之甚少，也不想成为这个领域的专家。当企业想要与他们深度讨论产品的品质时，他们却会进入游离状态，表现出不感兴趣的模样。同时，他们又会对产品是否"足量"异常关注，对于一些细节斤斤计较，表演出自己关注品质，或是寻找内心的平衡，或是向别人证明自己的谨慎。

锁定灯塔客群

当我们确定了目标客群，他们是否就直接能够成为我们的灯塔？当然不是。

首先区分两个概念。**目标客群是在乎品质并愿意为品质付费的客户群体，他们是企业建立合理生意的基础；而灯塔客群则是在目标客群中进一步聚焦出来的最具投产比（体现为 efficiency，即效能）和最有持续性（体现为 LTV，即 lifetime value，全生命周期价值）的客群，他们是企业真正的根据地。**也就是说，只有在目标客群中再利用若干标签进行筛选，我们才能过滤出最终的灯塔客群。

我定义的灯塔客群，有六大标签。

标签1：这类客户的需求"很明确、有边界、够稳定、可持续"。

他们很清楚自己要什么，而不是人云亦云、热衷跟风。这给企业带来的好处是，可以基于"说得清楚"的需求来制定策略，排兵布阵；

而不是被"说不清楚"的需求反复折磨，拼命猜测客户的真实想法，胡乱投入资源。

这里要注意的是，有关客户需求的信息并不是唾手可得的，挖掘这些信息本来就是企业自己的本事，但企业应该挖的是深埋地下的"矿藏"，而不是神话中一挖就跑的"人参娃"。前者是实实在在的，而且埋得越深越有价值；而后者则是虚无缥缈的，挖不挖得到全凭运气。如果是后者，只能说明这个市场没有成熟。

标签2：这些客户的需求是企业的核心竞争力可以大部分覆盖的。

正如本章开头所言，大多数企业对自己的核心竞争力是缺乏客观认识的，它们为了不放弃某些市场，而过分高估了自己的核心竞争力。但对核心竞争力的检验其实很简单，只需要对比对手即可，业务数据、经营数据、客户反馈数据等都可以提供证明。举例来说，一个生产制造企业主张自己的精益生产能力更强，但它的生产成本就是比对手高，显然，它在该维度上的核心竞争力是不成立的。

正因为在某项能力上相对竞争对手更强，所以，拥有核心竞争力的企业能做的事，竞争对手就做不了，或者做得不够好。因此，在这个维度上满足客户，投产比是最高的，形象点儿说，企业不用怎么发力，就能够获得客户的更高认可。

标签3：相对自己的需求，这类客户有足够的付费能力。

客户想要的，永远是无限的，但他们能付出的对价，却是有限的。目标客群在乎品质，也认可价格，但却不一定有付费能力。这很尴尬，如果他们不在乎品质，企业就可以减质减价，让他们买得起，但偏偏客户看上这个品质了，不愿妥协，企业的价格自然就降不下去，生意也就无法成立。

无论是 to C 市场的个人客户，还是 to B 市场的企业客户，都有预算，而预算都是随着他们的经济状况波动的。因此，在某一个时段上，的确有可能出现明确需求、认可品质，却没有付费能力的情况。这个时候，企业一定不能强行降价或赊销，因为这会形成负利润或负现金流，相当于企业为客户承担了风险。更糟糕的是，一旦客户的经济状况好转，他们大概率也会坚持之前的价格，并不会为企业的好心领情。生意就是生意，应该按照市场逻辑进行。

标签 4：这类客户认可产品的价值，有足够的支付意愿。

除了支付能力，支付意愿也很重要，甚至更加重要。有的客户需求明确，也认可产品品质，更有付费能力，但就是习惯了占便宜，不愿意付钱。这种 to B 客户的口头禅是"我们不要谈钱，谈资源交换"，而这种 to C 客户的口头禅则是"我用你们的产品，帮你们宣传，以后你们就能卖更多"，他们共同的口头禅是"不要这么功利，要看长远"。

听出来了吗？这类客户有深层次的"病态消费观"，他们占所有人的便宜，甚至占自己的便宜，会让自己没苦硬吃。除非不付钱买单他们就生存不下去了，否则他们就会一拖再拖，大量坏账就是从这类客户身上产生的。

标签 5：这类客户有承接产品的能力，能够基于这些补给，形成自身的定向增值。

客户认可产品品质和产品对他们有价值是完全不同的两个概念。例如，鱼子酱有作为美食的价值，但对于大量工薪阶层来说，这种消费并不会让他们产生更好的体验。再如，一个体系完善、功能强大的

E-HR 系统（数字化人力资源系统）有提升管理的价值，但对于大量规模较小的初创企业来说，加载这种系统并不能让它们提升管理，甚至会产生副作用。

客户对产品价值的认可，可能是因为它相较于竞品的确更加出色，但这个产品本身却不一定适合客户当下所处的阶段，对他们没有意义。这种错配可能源于客户高估了自己所处的消费阶段，并可能因为这种错觉进行消费，但一定会因为没有效果而最终放弃。这种不能持续的业务，其实也没有太大意义，或者说，这种客户不是不能做，而是不值得作为灯塔来做。只有那种会因为产品变得更好的客户，才会从自己的"成长"中，拿出一部分预算来继续购买产品，该项生意才能进入持续的正循环。

标签 6：这类客户有一定的品牌影响，与他们的合作能够形成明显的背书与传播效应。

与客户交易会形成直接的经营结果，但与优质客户的交易还能形成其他好处。一方面，这类客户的名气形成了"背书"，一旦有其他客户犹豫是否购买时，这种背书比较容易帮他们打消顾虑——优质客户都在消费，我们还怕什么呢？他们默认，优质客户是有鉴别产品的能力的。另一方面，优质客户的名气也方便了"传播"，宣传某个或某类优质客户在使用自己的产品，比单纯叫卖自己的产品性能更容易让人接受。to B 市场里，企业总在宣传自己的标杆大客户，而 to C 市场（尤其是新消费市场）里，企业不断对 KOL（关键意见领袖）群体进行投放，也正是这个道理。

灯塔的意义是可以照耀周边，企业基于灯塔客群，当然也可以辐射其他客户。客户需求各异，企业没有办法讨好所有客户。面面俱到，最终将一无所有。但如果企业讨好了灯塔客群，他们就会通过背书和传播来引领消费的趋势，让其他客户的需求向他们靠拢，这就是聚焦"灯塔"的意义。

挖掘有效需求

如果企业幸运地从目标客群中锁定了灯塔客群，那它们就好比在足球比赛中赢得了点球。不过，要将近在咫尺的球送入球门变成得分，依然还要面对最后一关的挑战。现实中，的确存在那种定位灯塔客群后，与他们无数次交互，却迟迟不能建立黏性的企业。这类企业直到最终被放弃，也没有看懂灯塔客群究竟要什么。

问题究竟出在哪里呢？这里我们需要回答两个问题。

其一，灯塔客群究竟知不知道自己要什么？

在我们的定义里，灯塔客群的需求是相对清晰的，他们似乎很清楚自己要什么。但是，我们显然不能期待他们可以将自己的需求做成标准化编码的文档，让企业可以直接行动。为什么？这里就涉及两个概念上的区别——"客户需求"和"客户目的"。

- **客户需求**——客户希望的产品方向，包括功能、质量、价格、服务、交付时间等多个维度，往这些方向上走，产品会被认可，反之则不被认可。
- **客户目的**——客户使用产品的目的，即他们使用产品最终是为了在什么场景里达到什么效果。

举例来说，一个住宅的业主雇用工人给他在墙上挂一幅画，他并不能直接陈述自己的"客户需求"，自然也不能给出具体的施工方案（具体的展示位置、用钉子或粘胶固定、如何安排射灯等），因为他并非这个领域的专家。但他一定清楚自己的"客户目的"，比如以最少的投入传递自己作为住宅主人的经济实力和审美品位。

回到这个问题，**我的答案是，客户既知道自己要什么（客户目的），也不知道自己要什么（客户需求）**。从客户目的到客户需求，是一个被逐渐翻译的过程。这个过程，需要由企业作为产品专家来实现。灯塔客群显然异常明确自己的客户目的，甚至本身已经成为产品的半个专家，但当局者迷，所以他们需要企业基于对产品的理解，利用专业工具梳理出客户需求的共识。毕竟，**只有客户需求才能指导产品方向，客户目的只会让企业雾里看花**。

其二，灯塔客群的需求都应该重视吗？

面对这个问题，不少朋友可能理解为，我们需要对客户需求进行分级。但我要强调的是，分级之前应该先进行分类。这里有必要引入穆胜咨询常用的"需求三分法模型"（见表7-1）。需要说明的是，这个分类采纳了狩野纪昭提出的 KANO 模型和 IBM 提出的 $APPEALS 模型的主流逻辑。

表 7-1 需求三分法模型

需求类型	满意度影响	客户潜台词	行业水平
基本型需求（入围门槛）	不满足需求，客户不满意；满足需求，客户不会产生额外的满意	"这是产品应该做到的，做不到就不应该卖这个产品"	行业里都能达到的基线（baseline）
期望型需求（多多益善）	客户的需求满足程度与满意度同向变动	"做好做坏看本事，决定了我们对产品的评价"	竞争的主要舞台

(续)

需求类型	满意度影响	客户潜台词	行业水平
魅力型需求（喜出望外）	不满足需求，客户不会不满意；满足需求，客户会产生额外的满意	"哎哟，原来这产品还有这一手，惊喜"	基本都做不到的无人区

资料来源：穆胜咨询。

- **基本型需求（入围门槛）**——这属于"行业里都能达到的基线"，可以概括为"入围门槛"的需求。所以，当这类需求得不到满足时，客户很不满意；在这类需求得到满足时，客户也不会表现出满意。以电商为例，流畅的使用体验、产品的真实信息、可靠的支付工具等就属于这类需求。客户的典型评价是："我到你的平台上购物，这些都做不到，那我为什么来？给自己找麻烦吗？"

- **期望型需求（多多益善）**——这属于"竞争的主要舞台"，可以概括为"多多益善"的需求。所以，客户的需求满足程度与满意度同向变动。电商平台上提供的低廉的价格、高档的品质、快速的物流、敏捷的退货等就属于这类需求。客户的典型评价是："都做电商，你们家的产品确实能保真，物流也靠谱，退货也方便，我就愿意多来。"

- **魅力型需求（喜出望外）**——这属于"基本都做不到的无人区"，可以概括为"喜出望外"的需求。所以，即使这类需求得不到满足，客户也不会不满意，而一旦这类需求得到了满足，客户会表现出极大程度的满意。电商平台上最后一公里（last mile）送达的温度、购买产品之外的增值服务等就属于这类需求。客户的典型评价是:"其他平台都没做到,你们居然还有这些服务,真是不错!"

当企业通过与灯塔客群的深度交互,挖掘出若干需求后,就可以把这些需求进行分类,找到自己的发力点。简单来说,对于基本型需求,达标即可,不用投入太多精力;对于魅力型需求,实现难度太大,除非碰巧有闲置资源或能力,否则性价比不高,也不用投入额外的精力;对于期望型需求,其舞台广阔,对客户满意度影响极大,是真正值得去关注的**"客户有效需求"**。

此外,不难发现,客户需求的类型也是随着行业的竞争水平在变动的,前段时间的期望型需求,可能就成了这段时间的基本型需求,因为大家都做到了。这就意味着,企业应该定期盘点客户需求,校正自己的产品方向。

上述对于客户需求的分类逻辑应该说得相当清晰了,但我们在实践中却发现企业很容易"分不清楚"。它们最容易犯的错误是,基于自己现有的优势,想象出客户有这个需求,或者是把自己已经实现的基本型需求夸张为期望型或魅力型需求。**这些错误的产生,归根结底,还是因为企业不够尊重灯塔客户,它们习惯于用自己的臆想,加上自己愿意听到的(客户的)只言片语,来快速找答案。**

停止你的孤芳自赏

企业找到一个垂直细分的灯塔客群,明确了他们的有效需求,表面意义是明确了自己的根据地，深层意义是建立了探讨价格和质量的基础。

道理很简单，不同客户有太多差异，他们需求不同，对于产品理解不同，付费能力不同，付费意愿不同……基于这些干扰，我们很难去公平评价产品，俗话说"彼之蜜糖，汝之砒霜"，就是这个道理。如果对产品的评价有误，那企业如何能够明确后续的行动方向呢？

在我早期的咨询和顾问生涯中，经常碰到这样的企业，它们的老板、高管和员工都坚称自己的产品出色，价格也合理，只是没有找到机会被市场认可。看着他们捶胸顿足的惋惜模样，我也曾经很容易被带入，以至于与他们一起进入了诸多无效话题的探讨，如启动渠道，如何进行品牌宣传，如何改变客户心智等。但后来，我们发现这些说法是站不住脚的，其实都是企业自己的孤芳自赏。

客户不认可产品的真相是——要么是企业找错了灯塔客群或是误判了他们的有效需求，要么是企业的产品不够好。 前面已经探讨过聚焦灯塔客群有效需求的意义，这里我们就假设已经明确了灯塔客群的有效需求，谈谈产品为什么不受认可的问题。

如图7-2所示，从产品的角度看，只要是理性的客户，都会愿意为质量支付相应的价格，一定的价格对应一定的质量，我们可以在坐标中建立一条交易的"公平线"。长期来看，市场是公平的，即使有短暂的不公平，也会被市场机制矫正。

一方面，当质量高而价格低，即出现"优质产品"时，现有价格基础上的"超高质量"会吸引众多客户用脚投票，进入市场抢夺产品，就会倒逼企业提价出货。另一方面，当质量低而价格高，即出现"劣质产品"时，现有质量基础上的"虚高价格"会挤出客户，市场因为需求下降而变得萧条，就会倒逼企业降价出货。这两类矫正机制的存在，确保了产品不偏离公平线，自然也就不存在那些企业抱怨的怀才不遇。

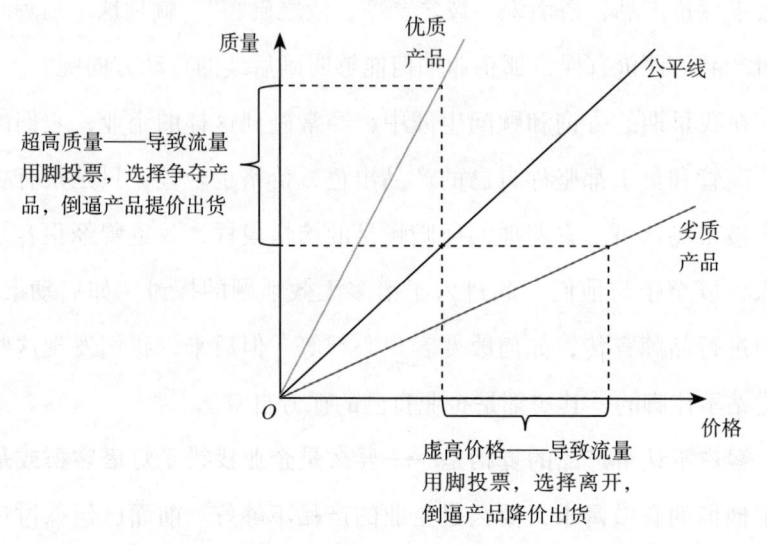

图 7-2　客户选择的公平线

资料来源：穆胜咨询。

所以，如果企业聚焦了灯塔客群，却还在抱怨他们在乎价格，那本质上就是因为产品不够好，说得不好听点儿，有点儿"刀钝却怪豆腐硬"的矫情。道理是这个道理，但话说回来，有几个老板愿意承认自己的产品不够好呢？在他们中的大多数看来，客户不买他们的产品，要么是不懂欣赏，要么是被对手先占，反正所有的问题都不是自己的问题。

EXTREME SURVIVAL STRATEGY

第 八 章

把核心竞争力建在组织上

当企业聚焦了灯塔客群，并找到了他们的有效需求，就应该基于核心竞争力为其提供产品、服务或解决方案。但正如我们前面的章节所言，核心竞争力作为一种知识是动态的，可能被强化，也可能被弱化，其走向在很大程度上取决于企业的组织设计。

显然，企业有必要将组织设计校准调整到**"最有利于产生核心竞争力的状态"**。在前文中，我们强调了应该耐心设计组织，并持续推进组织精炼，甚至要转型平台型组织。这些方法当然很好，但关于打造核心竞争力，我们依然有必要陈述系统的方法。

在客户体验上赛跑

明确了灯塔客群的有效需求在哪里，企业就应该瞄准这个目标，集中火力进行饱和攻击，确保打穿打透。务必让灯塔客群相信，自己的产品是市场上的最佳选择。

企业采用这种战略姿态的目的，是要确保自己比竞对更准、更快、更狠。如果不能满足这些要求，企业的核心竞争力就不够"核心"，就没有"竞争力"，就只能算一种平庸的能力。平庸的能力在经济上行期可以让企业依赖泡沫而获得生存，但在经济增速放缓时就注定成为企业失败的原罪。

也就是说，企业在规划核心竞争力时，一定要满足两个要求：一是瞄准灯塔客群的有效需求；二是能持续地强势压制竞对。企业塑造核心竞争力，就相当于在灯塔客群的体验上赛跑，既要确保不偏离跑道，还要确保把竞对甩在身后。

考虑到企业资源有限，其基因也是既定的，那它们在这条跑道上的行动其实并没有太多的选择。或者说，它们能打造的核心竞争力其实已经被约束条件锁死了，需要做的，只是找出这些可能在竞争中"立得住"的核心竞争力而已。不少老板想跑赢对手，但却忘了自己是谁，甚至幻想自己能"转基因"，其实，这都属于妄念。

穆胜咨询在辅导企业时，都要求它们从客户体验的角度来描述自己的核心竞争力，还不断要求它们核实此种能力是否已经存在（或可能被发展出来），并不停对比这种能力与竞对的实力差距，其目的就是防止它们走偏。相比起来，大多数企业在规划核心竞争力方面，几乎就是在白纸上乱写乱画，根本不考虑各种约束条件，老板的想法野到哪里，企业的规划就能疯到哪里。

举例来说，某企业做大型基础设施的项目投资、技术提供、建设实施与后期运营，其传统模式是一条龙覆盖上述四个环节。但他们一直嫌弃投资的风险巨大，扩张太慢，想要摆脱投资环节，实现"轻资产模式"。这就要求他们有极其强大的运营能力，能够把一个项目做出比竞争对手更多的利润。但问题是，他们的优势一直在前三个环节，擅长把项目扶上马，赚的是投资里的利差。于是，老板提出"轻资产战略"好几年了，但一直无法落地。

很多老板以为，自己也就是提提畅想，让大家努努力，万一实现了呢。但这种想法是错误的，因为战略一旦提出，组织就必然要进行某种程度上的自动校对，而它实际的打法又是另一种，这就会形成组织的撕裂，让核心竞争力变得涣散。形象点儿说，有点像猴子掰玉米，一样都没有抓住。

企业大可以对核心竞争力进行简洁描述以方便传播，但我坚持认为，**真正的核心竞争力应该描述为"以××的组织方式，满足灯塔客户的××体验，确保拥有比对手更×××的能力"。**

请注意，这里有三个要素：**一是以什么样的组织方式来实现**，而非个人能力或某类局部的资源（如销售掌握的某个有特殊关系的客户）。**二是满足灯塔客户的什么体验**，一定要对其客户体验有明确的指向性，不校准到客户体验，就很难说清企业做得好还是不好。例如，生产交期不达标，生产部门也可以狡辩自己的产品质量好。**三是要对压制竞对有明确描述**，要盯着对手比水平，要让这个竞争力变得"核心"而不是"平庸"。

按照上述三个标准将某些企业的核心竞争力展开，我们会发现，大多数企业认为的核心竞争力其实根本不存在。问题来了，如果连核心竞争力都是臆想的，那么组织应该按照什么标准进行建设呢？

"端到端"的组织设计

如果我们按照三要素的结构，阐述清楚了企业的核心竞争力，而且感觉这种阐述还挺靠谱，那就应该立刻在组织设计上行动，将其校准调整到最有利于产生核心竞争力的状态。

其实，上述核心竞争力的阐述方式，已经包含了组织设计上的导向，我们只需要按照这种导向，调整组织以确保其实现"端到端"即可。

这里解释一下什么是"端到端"。这最初是计算机科学的术语，意思是在需要通信的两头建立联系，两头分别指"源"和"目的"。显然，一端是输入端，另一端是输出端。而后，这个术语被华为等企业跨界引入流程再造领域，意思是从客户需求端出发获得信息，到满足客户需求端去实现闭环，输入端是市场，输出端也是市场。华为提倡端到端快捷有效，减少中途的组织节点，以降低各类运作成本，形象地说是"中间没有水库，没有三峡，流程很顺畅"。为此，他们以流程再造的形式建立了若干跨部门的流程，如集成产品开发流程、集成供应链管理流程等。

企业所处的阶段不同，自然有不同的战略选择，但**建设核心竞争力的原理是相同的——就是在组织设计上想尽一切办法，实现"端到端"**。反过来说，一切有利于将资源无损耗地转化为客户体验的组织设计，就是最好的组织设计。这类组织设计在实际反复运作后留下的组织记忆（知识），就是核心竞争力。

想要追求这种组织设计的最佳状态，企业首先需要补上**组织设计的完整要件**，组织结构图、部门定位、职责、考核约束、跨部门协调机制等都必须具备。如果这些要件有任一缺失，组织的运作就必然存在瑕疵，相当于轿车少了一个轮子，甚至是少了方向盘，要去哪里完全随缘，不受控制。

大多数国内企业由于在野蛮生长的同时忽略组织设计，几乎都没有完全具备上述要件。但有意思的是，当它们的老板发现了问题、开始着手"补课"时,却无一例外地产生奢望,希望这种投入能够直接带来自己的核心竞争力。他们的潜台词是:"我都开始下决心给车装上轮子了,该让我跑个第一了吧!"他们更深一步的潜台词是:"我的战略没有问题,主要是组织不行,现在组织都补课了,我的企业还不得立即起飞呀!"这些想法显然很幼稚,补齐组织设计的要件,只是让企业拥有了打造核心竞争力的入场券而已。

我们否认那些低认知水平下的急功近利,但也绝不主张企业都像华为那样大举建设流程,以流程来打穿部门墙和隔热层,实现端到端。不同企业处于不同阶段,有不同的组织状态,一定有各自匹配的组织设计方案。

按照穆胜咨询的经验,我们通常会用"穆胜组织模式选择矩阵"(见图8-1)来辅助企业进行决策。横轴代表横向分工程度,两端是分工和合工;纵轴代表纵向分权程度,两端是收权和放权。由此,我们可以分出四种组织设计模式。

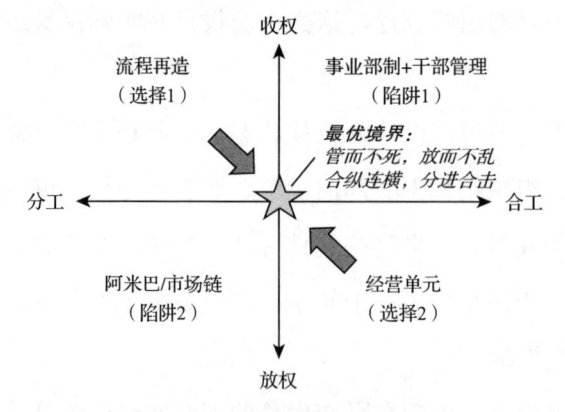

图 8-1　穆胜组织模式选择矩阵

资料来源:穆胜咨询。

- **事业部制 + 干部管理**——这是一般企业大多会采用的模式。这类企业并不想建立科学的分工体系，不想涉足烦琐的管理，习惯通过授权干部作为代理人来解决问题。好处当然是简单，但坏处则是会形成"藩王割据"。由此，老板必须精通帝王之术，既要收拢人心，也要让干部相互制衡。

- **阿米巴 / 市场链**——阿米巴是日本企业家稻盛和夫独创的组织模式，而中国企业家张瑞敏也曾在 20 世纪 90 年代末开展了类似的实践。这类模式是为组织内细分的节点（部门、团队、岗位）赋予经营职责，要求它们按照"下道工序就是客户"的理念，与上下游协作者进行模拟交易，创造出经营的增值。例如，A→B→C 是一个三人组成的协作链条，B 作为经营主体，要确保自己向 C 卖出的价格，高于自己为 A 支付的购买成本，只有如此，他的环节才产生了价值。

- **流程再造**——典型代表是华为，它按照终端客户的需求，将能够创造价值的节点放入流程，赋予这些节点至高无上的权力，以此来打穿部门墙和隔热层。这种模式里，组织分工极细，而每个节点能做什么、要做到什么程度，都是有严格标准的。可以说，华为是流程再造的正面典型，它以一系列的周边机制（如流程定期优化），确保了流程不会误入第四章的陷阱。

- **经营单元**——典型的代表是海尔[一]，它面对不同客群或业务，将能够对经营结果产生主要影响的人员放入一个团队（称为"小微

[一] 海尔将这一模式称为"人单合一"，意为让价值创造者（人）面对客户需求（订单）创造价值，并获得激励。

生态圈"或"链群"），要求他们投入对赌，来获取超额利润分享的权利。这里的分工是粗放的，授权是充分的，员工必然会因为经营者的身份而跨越岗位、团队和部门边界进行积极协调。

唯二的两种组织选择

理论上说，"事业部制＋干部管理"是指向端到端的，如果干部忠心耿耿、老板开明，企业就一定欣欣向荣。但这实际上等同于用帝王术治理企业，"藩王造反"、耗死老板是常态，注定不可持续，是个陷阱。

同样，"阿米巴／市场链"也是指向端到端的，如果每个节点都在经营，都追求价值创造，那么，企业就一定有最好的经营业绩。但内部核算注定算不清账，因为经济学原理告诉我们，当一笔交易里，只有一个出价者和一个受价者时，价格是说不清楚的。这种模式同样是个陷阱。

正如张瑞敏在实践市场链和其他的相关内部定价方式后感叹："开始的时候我们想一次（把定价）算明白了，你这边价值是多少，他那边成本是多少，结果越算越乱。"而所谓大获成功的阿米巴，本来就不导向精准定价，其定价更多依靠领导决策而不是自由市场的议价，阿米巴核算出来的价值创造也并未兑现为物质激励。稻盛和夫更强调将其看作"一场激动人心的经营游戏"，主张依靠集体主义的文化和精神激励来影响员工。但问题是，如果文化的力量真的如此强劲，那做不做阿米巴又有什么区别？如果企业家不能确保自己有稻盛和夫一样的文化影响力，那他们可能就很难复制出阿米巴在京瓷、KDDI 和日航[一]的成功。

排除了以上两个陷阱，企业就只剩下两种选择，要么学华为，要么学海尔。如何二选一？企业需要盘点自己的情况，参考如表 8-1 所示的组织模式选择要素。

表 8-1 组织模式选择要素参考

要素	流程再造 （选择 1：华为方向）	经营单元 （选择 2：海尔方向）
老板学习习惯	厚积薄发，先固化，再僵化，再优化	快速吸收，快速内化，快速改造
市场环境	市场集中，需求主流	市场分散，需求变化
产品特性	产品复杂，偏解决方案，适合集团军协同作战	产品轻快，适合突击队依托后方支持作战
组织管理现状	有一定标准化管理基础	标准化管理基础薄弱
人才能力分布	能力相对平均，适合各司其职、按部就班	能力差异大，适合精英牵头指挥
激励水平	高位支付，员工在意安全感	中低位支付，精英需要差异化分配

资料来源：穆胜咨询。

考虑上述要素，企业可以相对明确地做出选择，而后就应该坚定执行。这就好比江湖侠客在武当和少林中，选择一家来拜师学武，一定学到底、做到精。只要不中途摇摆，甚至"误入魔教"（放弃转而寻找管理特效药），结果就不会太差。

一旦企业在两个选择上扎根实践，就会逐渐发现这些组织模式并非完美，修正问题的行动则会让组织模式趋向最优境界。

一方面，如果学华为做流程再造，很容易诱导流程里的部门不断

[一] 稻盛和夫亲自操盘，深度实践阿米巴模式的三个企业。

增加自己的节点，以强化其对流程的控制，这必然导致流程变得臃肿，并时常出现节点堵塞导致流程停摆的"流程桶"现象。这在第四章已经有详细的描述了，在此不再赘述。因此，它们有必要合工减少节点，并放权赋予节点自主协调的功能，让企业的组织模式沿着左上方箭头方向移向坐标中心点。

另一方面，如果学海尔做经营单元，过多的放权极有可能让企业产生失控风险，而且合工超过了节点负荷之后，也会出现效率降低。因此，有必要回收一部分权力，建立风控机制，并推动分工以实现关键位置的专业化，这也让企业的组织模式沿着右下方箭头方向移向坐标中心点。

两种选择最终都是走向我们前文提及的平台型组织，这就是组织模式的最佳状态，它既能实现纵向上的"管而不死，放而不乱"，又能实现横向上的"合纵连横，分进合击[⊖]"。

其实，这就是华为和海尔当前很接近的状态，它们都已经转型成了平台型组织[⊖]。

华为依托流程，建立了流程节点并联的团队，前端是由客户经理、方案经理和交付经理组成的"铁三角（customer centric three，CC3）"，后端则是由研发、市场、生产、供应链、销售等全链条成员组成的"集成产品开发团队（production development team，PDT）"。我曾经将这种状态概括为"流程固化，人员云化"。随着业务的推进，上述团队获得了更多的经营空间，华为也持续将其股权激励转向这类项目激

[⊖] 意思是军队从几个方向前进，协同围击同一目标。
[⊖] 详见拙著《平台型组织：释放个体与组织的潜能》，机械工业出版社。

励，基于价值创造更多的回报，这就是很典型的平台型组织。

海尔以经营单元来协调不同职能以推动业务，经营单元里是能对经营结果产生关键影响的角色。随着业务的推进，上述团队越来越需要遵循公司的项目相关流程，使用公司的方法论和决策模型，一个团队里的专业角色也会越来越多。只有如此，才能确保业务成功的概率最大化，这同样是很典型的平台型组织。

如果说，上述两种选择已经用各自的方式推动了"端到端"，提升了核心竞争力，那么，平台型组织就是最大程度挖掘出了打造核心竞争力的可能性。所以，企业无论从哪种选择开始，都要知道自己的终点所在。

战场上打出来的是将军

在我的理念里，组织设计一定比人才管理更加重要，但组织设计的优势最终会反馈到人才成长上。所以，一个企业是否出人才，也是其组织设计科学与否的证明。

更重要的是，越是优秀的组织设计，越能用端到端的方式减少组织内耗，给予人才施展才能的舞台，让精英发挥更大作用。在科学设计组织的基础上，精英人才的表现集中地呈现了企业的核心竞争力，形成了让人印象深刻的客户体验。我们当然不是寄希望于人才去解决所有的问题，但如果向一个校准了核心竞争力的组织投入顶级人才，一定是最具投产比（效能）的事。从这个角度说，企业的确需要更多的"将军"。

工业经济时代，企业面对相对确定的市场环境，组织内是标准化的分工，对应标准化的知识体系，标准化的教学式培训即可实现人才培养。而在数字时代，市场环境充满了不确定性，组织内的分工被打乱，知识体系也开始复杂多变，人才培养的规律是完全不同的。

我曾经提出过数字时代的人才产出公式[一]，将人才培养的理念进行了总结（见图8-2）。

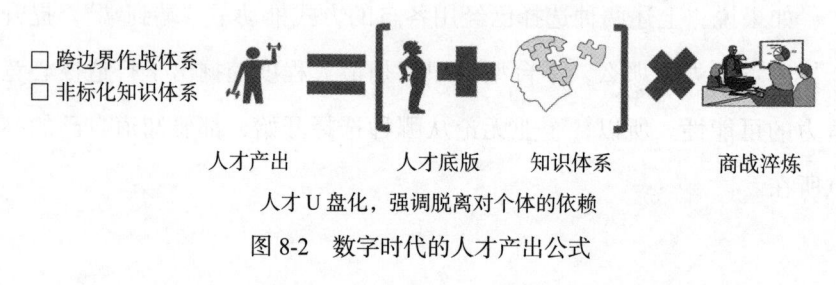

☐ 跨边界作战体系
☐ 非标化知识体系

人才产出　　人才底版　　知识体系　　商战淬炼

人才U盘化，强调脱离对个体的依赖

图8-2　数字时代的人才产出公式

资料来源：穆胜咨询。

这个公式与传统理念的不同在于，其在最大程度上忽略了人才底版的质量，或者说，把他们仅仅看作一个U盘，更强调人才产出是"知识体系"和"商战淬炼"的结果。

这种理念里，企业最需要突破两个部分。

第一部分是打造自己独有的知识体系。

在一个极度端到端的组织里，员工几乎是没有假动作的，他们所有的行动都会得到来自灯塔客群的反馈。在这样的组织里，很容易形成若干的知识诀窍，例如，一次促销活动决策（什么产品降价多少、配什么货等），背后是基于过往数据建立的供需模型；一次拉新，背后

[一] 详见拙著《重构平台型组织》，机械工业出版社。

是过去用户知觉点的提炼……

企业需要做的只是顺势而为的知识管理：首先是**知识萃取**，即获取原始的案例；其次是**知识沉淀**，即将案例中的方法打磨成为易用方法论，包括流程、使能器、数据模型等形式；最后是**知识分享**，即通过一系列运营手段将上述方法论进行推广，促使员工去使用。

现实中，知识管理这个职能的缺失，已经是大多数老板痛到骨髓里的"痛点"——在某业务板块犯的错误，在其他业务板块依然会重复；在某业务板块发生的最佳实践，却无法快速复制到其他业务板块。说白了，企业成了一个"没有记忆的组织"，这类组织最终还是靠个人英雄主义解决问题，它们是没有核心竞争力的。

第二部分是形成更多的商战淬炼场景。

有了成熟的知识体系，员工就可以像U盘一样拷贝大量的体系化知识，并且能够在实战中"即插即用"，此时，企业就要考虑如何将他们推入实战。这一步是"乘数效应"，无论拷贝多少知识，都需要在实战场景里去激活，而能激活多少，在于实战的场景给多少机会。

端到端的组织设计创造了这种条件，让员工更接近灯塔客群，让他们的动作都指向经营。这种场景里，他们的思维方式不是讨好领导，而是讨好灯塔客群。市场不说谎，企业只有瞄准灯塔客群的有效需求，比竞对做得更好，才能获得客户的认可和买单。于是，在客户的反复"折磨"之下，核心竞争力越来越被强化，能驾驭这种组织模式的精英人才也同时脱颖而出。

但必须说明的是，仅有外部竞对的压力还远远不够。如果在关键业务上仅有一组经营单元进行突围，员工就有可能默守成规、回避硬仗、投机取巧，并为自己之后的失败找到各种理由，这个最终由企业承担的风险实在是太大了。**最有效的方式还是内部赛马**，因为，外部竞对的条件不一样，很难对他们产生足够的压力，而内部竞对条件相当，谁行谁不行，一目了然。

很多人认为内部赛马浪费资源，这其实是个伪命题。不是足够重要的业务根本就不需要赛马，只要是足够重要的业务，那赛马产生的收益就远远大于资源的浪费。况且，提到浪费的企业不妨扪心自问，你们平时浪费得还少吗？就是拿不出这一点投入了？

在实践中，我们发现大多数老板不启动赛马，其实并不是怕浪费，而是有侥幸心理，他们希望能扶持一个干将，使用科学的方法用好公司的资源，快速产出业绩，一次就把事情做对。但没有足够压力的环境很难让人改变，尤其是那些被十年以上职场经验塑造出固定思维模式的人。**大多数时候，有目的的浪费，就是最大的节约，这是穆胜咨询观察实践得出的"血的教训"。**

理顺了上述两个部分，就会发现它们是相辅相成的。

一方面，知识体系为员工接受商战淬炼提供了底气。员工完成任务的过程，不过是将各类知识在应用场景中"变现"而已。另一方面，频繁的商战淬炼也让知识体系快速形成、丰富、迭代。员工完成任务的过程，也是创造知识的过程。

我们应该明白，战场上打出来的才是将军，对于数字时代所需要的精英人才，很难培养，只能催化并筛选。催化的最好方式是给他们武器（知识体系），让他们上战场（商战淬炼），而筛选的最好方式就是用实战来看结果。

EXTREME SURVIVAL
STRATEGY

第九章

创造效能优势的投资组合

在我给出的战略观里，战略的内涵是一直延伸到组织的，或者说，没有思考到组织层面的战略，都是空中楼阁。问题是，在将战略延伸到组织维度后，这种完整的思考是不是足以保障企业的生存与发展？答案显然是否定的。

正因为战略是企业发展的灵魂，所以它必然是抽象的。它是一种方向、一套逻辑、几个原则，但绝不是具体的行动。再完善的战略设计，也只是在概念层，依然不够落地。正确的步骤是，**首先是"定战略"，而后是"定战术"，最后才是"做执行"**。其中，战术是关键一环，战术定得科学，执行就是按图索骥、自然而然的事。

如何按照战略来定战术？不妨盘点一下，我们现在共识了哪些战略层面的信息。我们已经清楚了灯塔客群的有效需求，清楚了如何在组织上建设核心竞争力，这相当于摸清了供需两侧各有什么，而剩下的自然就是如何匹配供需了。

如果我们跳出传统"战略""组织"的思维定式，就会发现，战术层面实际上就是如何将不同资源（的供给）投入适配客群（的需求），搭配出投产比最大的"投资组合"。投产比就是效能，其实，企业的战术就是关于如何建立效能优势的问题。

"All In"与"端水"

在《人效管理》一书中，我提出过一个"生意的三流两效模型"（见图 9-1）。任何企业的经营管理都可以归结为三流：业务流、人才流、资金流。做生意，本质上就是基于业务流的推进，来合理配置人才流和资金流。**所有老板的生意逻辑都可以归结为两点——人效逻辑和财效逻辑**，说白了，就是老板愿意用什么样的人力和财务投入去换取什么样的业务结果。

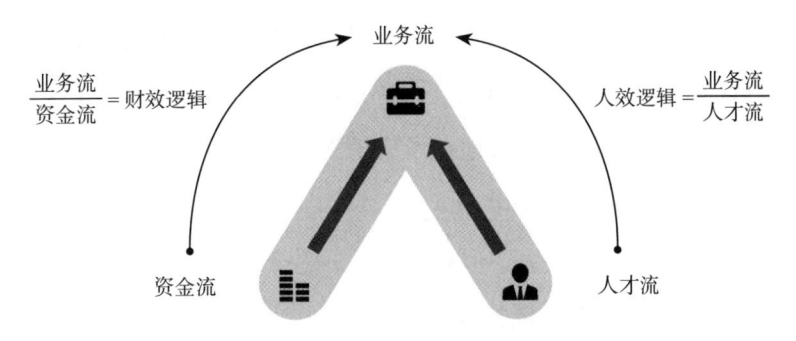

$$\frac{业务流}{资金流} = 财效逻辑 \qquad 人效逻辑 = \frac{业务流}{人才流}$$

图 9-1 生意的三流两效模型

资料来源：穆胜咨询。

一个有一定规模的企业，不太可能只面对一个市场，只经营一项业务。事实上，不同的灯塔客群（或他们的不同需求），形成了一个个的市场，而且企业投入人、财两类资源后，供需开始连接，业务就形成了。企业为每类业务进行的投入，自然也会按照老板的投资思路，遵循人效和财效的标准设定，而若干业务也就形成了"投资组合"。

理论上说，老板一定会追求这个投资组合的投产比（效能）最大化，所以，他们会把资源投到最具收益性的业务上。但问题是，收益永远与风险并存，那些高收益性的业务，往往确定性也最低（风险最大）。此时，就需要计算一个总账，即应该追求**风险可控条件下的产出最大化**。换言之，理性的企业关注的产出期望值应该是"故事（收益性）"和"概率（确定性）"的乘积，即应该屏蔽低概率的故事。

但现实情况却截然相反，老板们中的大多数喜欢听故事，而不喜欢谈风险或概率，他们坚持认为自己会是幸运儿。他们的决策逻辑里，似乎没有风险或概率这个维度。这里有两种典型的投资风格。

一是"All In"。

这是来自扑克游戏中的术语，意思是将筹码全部押进。这个说法的流行缘起于一些互联网创业公司，它们在发现了一些颇具诱惑力的新兴赛道后，提倡孤注一掷地把所有资源投入，以便获得爆发性的增长，从而率先抢占这个赛道。

这个说法很有感染力，但有局限性，并不能称为一种理性的投资策略。在经济上行期，依托某种行业红利，快、准、狠地投入资源，的确可以取得意想不到的战果。但如果在经济下行压力增大时，各种不确定性袭来，这样的投资风格就过于冒进。

事实上，只要不在"风口"，就不应该All In，即使遇到了"风口"，也应该有所保留。因为，那种商业机会爆发、猪都能被风吹上天的时代，已经一去不复返了。不妨回忆一下，这几年不少实力雄厚的大厂都发现了一些机会，如区块链、AI 等，但一旦老板喊出了"All In"，或者宣称"这是输不起的一场仗"，结果就是这个业务大概率会失败。

为什么？因为他们通常都是"喊一套，做一套"，由于旧业务相对强大，做生不如做熟，在新业务上自然就会相对忽视。All In 的口号暗示了超高的产出预期，而实际上资源又跟不上，自然是失败的死局。与其如此，还不如划定好投入的资源，设定好产出的预期，理性投资。

二是"端水"。

不少企业在上马新业务之时，老板都会为业务描述出巨大的空间，把每个业务都吹成"气球"。这也很正常，如果不看好这个领域，他们也就不会投入了。

可问题是，企业有若干的业务，甚至也有若干的新业务。这种对新业务的普遍高预期，导致它们在分配资源时，很难找到重点，于是老板只能"端水"，让这些业务雨露均沾。而在为新业务设定具体的经营目标时，更是抛出了"赚多少另说，反正不能亏"的含糊其词。

这显然是不理性的，一个新业务期待在投入当年马上就可以赚钱，这种概率也太小了。尤其是当有野心的老板上马了若干的新业务，只能将资源分散投入之后，这些新业务的成功概率就更低了。

每个企业手中的资源有限，应该选择不同的项目进行投入，每个项目能够产生不同的收益，每种收益也有相对稳定的概率。可以说，各种业务的投资目的大不相同，有的是为了"守底线"，有的是为了"保均线"，有的是为了"冲上线"，如何搭配投资组合就成了一门学问。

根据穆胜咨询的观察，当下企业对于各类业务的投资，都存在极大的优化空间。一旦我们跳出上述投资风格的误导，重新配置投资组合，业务自然能够获得更大的增长空间，企业也就具备了效能优势（efficiency gap）。

聪明的投资组合

前面说过，从投资的角度来看，每种业务都能用两个维度来评价：一是收益性，也就是产出预期有多高；二是确定性（反向就是风险），也就是产出这种预期的概率有多大。

收益性由核心竞争力决定，如果市场相对成熟，谁的核心竞争力强，谁就有定价权；确定性由灯塔客群的需求成熟度决定，如果企业都具备一定水平，哪种需求越明确，哪种业务就越有稳定预期。发现了吗？这里对业务的洞察，正好对应了我们对战略内核两个要素的阐释。

按照这两个维度，企业的业务可以分为两大类：一类是**"利润池业务"**，即当下为企业产生主要利润的成熟业务；另一类是**"增长引擎业务"**，即未来可期的"第 X 曲线"业务。

我曾在《人效管理》一书中提出过一个"增长引擎业务分类矩阵"[一]，这里，我把矩阵拓展为**"穆胜业务分类哑铃矩阵"**，同时纳入两类业务进行分析（见图 9-2）。

整体来看，左边是利润池业务，其特点是确定性高，收益性低；右边是增长引擎业务，其特点是收益性高，确定性低。就企业来说，它们手上一定有相对稳定的利润池业务，否则就难以生存。但正因为利润池业务所在的市场比较成熟，竞争者会越来越多，收益性会持续下降。因此，企业必须寻找收益更高的增长引擎业务，否则就难以发展。

[一] 拙著《人效管理》由机械工业出版社于 2022 年出版，该模型出现在第七章"人力资源效能规划"第 105 页。

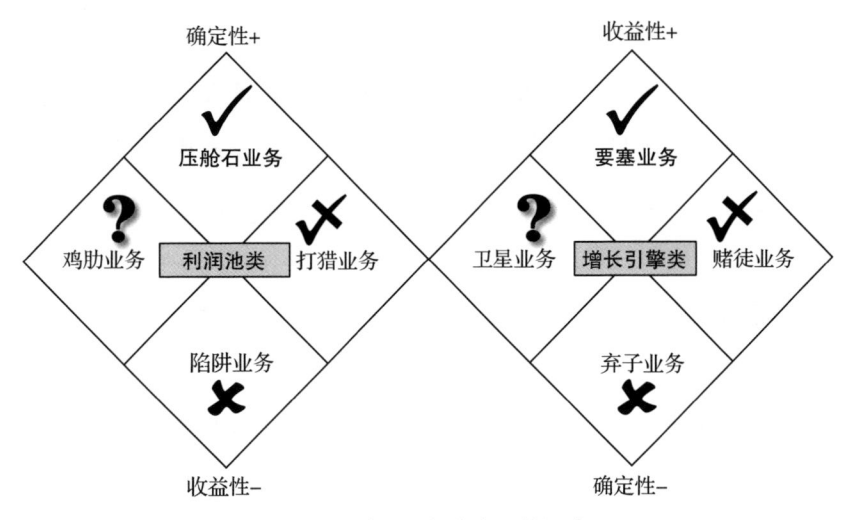

第九章 创造效能优势的投资组合　109

```
        确定性+                           收益性+
          ✓                                ✓
       压舱石业务                         要塞业务

  ?              ✗                 ?              ✗
鸡肋业务  利润池类  打猎业务      卫星业务  增长引擎类  赌徒业务

       陷阱业务                          弃子业务
          ✗                                ✗
        收益性−                           确定性−
```

图 9-2　穆胜业务分类哑铃矩阵

资料来源：穆胜咨询。

上面是对收益性和确定性的粗略划分，在两类业务内部，还应该进行精细划分。在进行精细的划分之后，我们很容易总结出企业在这些业务上配置资源的习惯，再针对这些习惯找出优化空间。

一是利润池类，这类业务主打稳定持续。这种已经实现的收益，让业务部门在索要资源时更有底气，老板也更倾向于为它们超配资源，于是，浪费就不知不觉发生了。但仔细分析这些业务，就会发现，在这类业务上放低效能要求，超配资源是极不理性的。

- **压舱石业务**——确定性强，收益性也相对较强，能够持续产生利润的业务。这类业务自然应该重点投入，但由于业务相对成熟，其本身就应该具有高效能，不能超配资源。

- **打猎业务**——确定性弱，但收益性相对较强，偶尔出现，但每次都能让企业收获颇丰的业务。这类业务不是不能做，而是不能投入太多资源去做，因为它不持续，资源投入很可能变成沉没成本。所以，企业宁愿通过外协的方式去完成交付，哪怕会付出更高的代价，也务必要保持业务轻盈，而这意味着它们应该拥有超高效能。

- **鸡肋业务**——确定性强，但收益性弱，企业越做越累的业务。辛辛苦苦却收获甚微，但放弃好像又丢掉了一块看得见、摸得着的收益，让人不舍。这类成熟市场的微利业务应该少做，除非企业没有更好的选择，另外，要做也要严格控制效能，时刻预警风险。
- **陷阱业务**——确定性弱，收益性也弱，完全没有任何意义的业务，只会是企业面对的陷阱。显然，这类业务应该立刻被放弃。

二是增长引擎类，这类业务主打收益空间。由于未来存在收益的巨大可能性，业务部门自然有理由索要资源，老板往往也会大手一挥，希望搏一把，于是，浪费也会不知不觉发生。如何剔除故事里的水分，是减少浪费、提升效能的关键。

- **要塞业务**——收益性强，确定性也相对较强，这是企业经过验证打磨最接近成功的业务，是通往"第二曲线"⊖的必经要塞。对于这类业务，企业应该将资源全力投入，形成饱和攻击的效果。
- **赌徒业务**——收益性强，确定性弱，"赌一把"的业务。此时的

⊖ 英国管理学家查尔斯·汉迪提出的概念，他认为任何一条增长曲线都会滑过抛物线的顶点（增长的极限），持续增长的秘密是在第一条曲线消失之前开始一条新的S曲线，这条曲线被称为"第二曲线"。

企业像个赌徒一般，在这个业务上下注。但这里的赌徒并不是贬义，所有企业都需要以这种方式拥抱不确定性，这是"企业家才能"的体现。事实上，要塞业务往往也是从赌徒业务成长起来的。只是，应该控制好下注的范围，在有限的赌徒业务里投入充分的资源。

- **卫星业务**——收益性相对较弱，但确定性相对较强的非主流业务，有点像是飘在远方的卫星。这类业务远离母体，利用不了母体优势，自然不可能赚到大钱，但它们利用了市场的空间，在当下还有一定的生存空间。这类业务让不少老板纠结，他们主张这类业务"没有浪费"，还"小有盈利"，应该留着。但我坚决认为，应该尽量减少此类业务，因为所谓的"没有浪费"几乎是不可能的。只要设置一块业务，多多少少都会牵扯老板和管理层的精力。除此之外，开展这种业务也会浪费兵力布置。说白了，既然团队能把这个业务做到"小赚"，为什么不把他们布置在更高级的业务里呢？这类业务对于企业的消耗，往往是温水煮青蛙，流连于这种生意的老板，还在做生意的加减法[⊖]，还是格局小了。

- **弃子业务**——收益性相对较弱，确定性也弱的业务，天然的"弃子"。这类业务无论如何计算都不划算，多投入一丝资源，都是对商业尝试的不尊重，应该果断关停并转。

厘清了上面的业务类型，企业应该尝试做几件事。

[⊖] 即把生意看作一些小生意的简单集合，而没有看成一个大系统。本质上，这还是没有看懂自己的生意的表现。

- 一是果断退出陷阱、卫星和弃子业务，停止投入并收回资源。
- 二是限制打猎业务的范围，提出高于行业水平的人效和财效目标，前者推动企业外协合作商，后者推动企业精打细算做出丰厚盈利，否则就应该放弃。
- 三是限制鸡肋业务的范围，提出高于行业水平的人效和财效目标，倒逼业务团队思考跳出低水平竞争的发展路径。
- 四是限制赌徒业务的范围，对于剩下的业务，则降低人效和财效标准，超配两类资源，这是"**冲上线**"，即获取那些正常业务之外的可能性，收获红利。
- 五是全力支持要塞业务，降低人效和财效标准，着重超配两类资源，这是"**拉均线**"，即将企业提升到一个更高层次的盈利水平。
- 六是稳定支持压舱石业务，提出略高于行业水平的人效和财效标准，既维护业务稳定，也让业务保持进取，这是"**保底线**"，即保障企业现有的盈利水平。

上述投资策略在人力和财务两类资源的投入上有进有退，但核心思想都是强化战略内核，让企业在真正有价值的业务（压舱石和要塞业务）上扩大竞争优势。而这些"干净利落"的投资策略，的确不同于传统企业的纠结，显然能够创造出更高的效能水平。

警惕业务的"沼泽"

对各类业务的盘点，让我们初步发现了资源的浪费所在，但如果我们深度探索这些浪费是如何产生的，就会更坚定地执行上面那些"干净利落"的投资策略。我们会发现，在一条错误的道路上行走，只会犯更多的错误，一个悲伤的故事之后，会发生无数个悲伤的故事。

除了要塞业务和筛选之后的赌徒业务，我不建议企业超配人、财两类资源。换言之，我强调在经济下行压力加大的情况下，务必尽量减少低效能业务，因为这些业务往往都有"沼泽"的属性，会越来越消耗企业的资源。

这里，我总结了业务里浪费的四大定律。

- **降维用人定律（浪费第一定律）**——往往高端人力资源不能发挥作用，就习惯填补低端人力资源来补台，推说"人没给够"，最后形成了一个规模庞大的低水平队伍。所以，窄口径人效（核心人效）低的地方，宽口径人效一定低。

- **银弹散射定律（浪费第二定律）**——往往人力资源不能发挥作用，就习惯用财务资源来补台，推说"钱没给够"，但人如果没有思路，给再多的钱也只会产生浪费。所以，人效低的地方，财效一定低。

- **虹吸定律（浪费第三定律）**——当成本大量浪费时，费用会同比例甚至以更高的比例上涨。一是因为不少成本的负责人不想对产品负责，用各种理由将成本转化成了费用；二是因为老板们都会因为成本的不正常支出而不安，下意识会强化职能部门，在这种意识下，大量曾在一线的老臣、功臣会选择"功成身退""坐机关",中后台会因为他们的影响力而越来越"笨重"。这就好像企业有一条管道,应该配置在前台的人力和财务资源被虹吸到了中后台。

- **差生定律(浪费第四定律)**——当显性成本大量浪费时,隐性成本会同比例甚至以更高的比例上涨。企业对于业务的投入,并非只包括投入业务单元的人、财两类资源,还包括中后台对前台业务提供的服务。不同业务所需的服务成本也是不一样的,越多显性成本的浪费,越会消耗隐性成本,深度拉低企业的整体效能。例如,某个业务长期无法突破,企业就必须调集其他资源来协同(如进行搭售),还会与其业务负责人进行无数次的沟通、赋能,发起无数次的决策会议。

如果按照上面的定律来推导,我们很容易发现,那些效能持续走低的业务,很难因为超配资源而重获新生,反而会因为超配资源而引起连锁反应。事实上,**这些业务缺的根本就不是资源,而是突破市场的思路**。

我一直强调资源配置的逻辑是**"目标准确→策略清晰→路径可靠→资源丰富"**。但很多业务负责人喜欢直接抛出"大目标",用"大故事"来修饰,借以索要"大资源",而其实他们根本就没有策略,更谈不上有明确的路径。大多数时候,这些业务的负责人为自己的失败找到"人没给够""钱没给够"的理由,更大的目的是让老板继续相信这个"故事",也继续相信自己。仔细品味,很容易发现这些故事的版本每年一变,但并无新意。

如果老板不能识别这些假象，就会陷入一个个的"沼泽"之中，反而忽略了那些真正需要投入资源的业务，企业的整体效能也会滑向低谷。其实，大量多元化投资失败的企业，都是在以这种姿势坠落。

对于类似"沼泽"的业务，一定要从效能的角度进行研判。如果只看产出，这些业务尚且还有存在的理由；但如果关注效能，这些业务很有可能就失去了经营的意义。当然，在经济上行期，也的确存在那种"一好遮百丑"的现象，即某个业务的爆发性增长，一下子就产生了超高效能，覆盖了其他失败的业务，这也是老板们喜欢"All In"和"端水"的原因。但就当下的商业环境来看，这种爆发性增长发生的可能性已经不大。这个阶段，企业的效能没有那么大的偶然性，而是得依靠自己的硬实力。因此，效能优势就显得异常重要，在每类业务里的精打细算，成了企业极限生存的底气。只要在每类业务里都比竞对理性一点，企业就能逐渐累积出明显的效能优势，而后依靠严苛的商业环境来实现"清场"。**这个时候，"卷"自己，实际上就是在"卷"别人。**

要转换到效能的视角来配置资源，对企业来说并非易事。这意味着企业要改变投资逻辑，回归极度理性，必须拒绝那些只有较小成功概率的故事，甚至要对那些赚到钱的、有话语权的业务收紧资源。一时间，老板遭遇到的压力一定是前所未有的。

那么，要不要冒险为之，做效能管理呢？

上述这些浪费之所以发生，本质上是因为业务部门的负责人都不愿意担责，或者说，他们有条件去卸责，而组织设计上就给了他们这种天然的机会。这就是我强调要做效能管理（尤其是人效管理）的原因，它能在一个企业的组织设计没有重大调整时，让各个业务负责人最大限度地承担经营责任。

有意思的是，很多企业在稍稍尝试效能管理后，上上下下动不动就会感叹"卷死了"，好像把自己弄得很悲壮。其实这哪里是在"卷"，它们只是回归了常识，做了那些早就应该做的事罢了。

EXTREME SURVIVAL STRATEGY

第十章

极限生存的关键是控人效

当企业把对业务的资源投入看成投资，关注到效能（投产比）这个概念，并且干净利落地选择业务，精打细算地累积效能优势时，它们就有可能进入"极限生存"的状态。

前面的诸多文字，已经说明了人是资源流转的中心，人效对于财效有明显的杠杆效应。这意味着，**除了"组织设计"，"人效管理"可能是极限生存战略的又一个支点**。

前一章里，我们已经给出了效能管理的思路，人效管理自然被覆盖其中。但这种思路更多是将人力资源作为一种整体的投入，期待其会自动带来业绩产出。如果按照这种逻辑，为各个业务合理设定人效标准（人效指标和目标值）就相当于已经完成了人效管理。

但上述工作只是人效管理的内容之一——"人效解码"，现实情况是，人力资源以个体形式存在，如何将他们在一个业务里合理搭配，并辅以激励和赋能等机制，也对人效结果有重要影响。这也就是人效管理的另一项内容——"人效赋能"。

关于"人效赋能"，有太多的内容可以展开，[一]但这一章想说清楚的核心问题是——**人效究竟是如何通过个体而产生的**？了解了这个机制，我们就能够在具体的业务投入里，用干净利落的思路，更加巧妙地使用人力资源。

当前，人力资源管理上的一个趋势是，越来越多的企业通过外包、

[一] 详见拙著《人效战略》，由机械工业出版社 2024 年出版。

劳务派遣等方式来隔离与员工之间的雇用关系，并且在人员规模上也是尽量压缩。相当一部分企业似乎觉得雇用员工越来越不划算了，它们不再承认个体能够产生的价值，也就是说，在人效产生的机制里，必然是出现了某种阻滞。相较起来，商业环境的严苛只是现象，它放大了这种阻滞，触发了企业减少雇用的开关。

要明确企业雇用员工划算与否，我给出穆胜咨询原创的一个名为"雇用投产比"的指标：

$$\text{雇用投产比} = \frac{\text{经营回报}}{\text{薪酬成本} + \text{招聘成本} + \text{培训成本} + \text{离职成本}}$$

显然，当雇用投产比大于1时，企业的雇用行为才是划算的，而且这个数据是越大越好，因为企业还得支付雇用之外的其他成本费用；而当雇用投产比小于1时，企业的雇用行为就得不偿失。这是所有企业雇用的规律，而我想表达的是，**当下的一些趋势变化，造成了企业雇用投产比的巨大压力，导致越来越多企业不敢招人，它们的用人思路发生了根本性的变化。**

背景1：用工周边成本上升

我们可以把用工成本分为两类：一是用工直接成本，即薪酬成本；二是用工周边成本，即招聘成本、培训成本和离职成本。用工成本即雇用投产比的分母部分。

薪酬成本有没有上升，还有待数据的验证，但用工周边成本上升却是不争的事实。

首先看招聘成本。就业人数的增加让企业的选择面更宽，但与此同时，也造成了海量的人才信息涌入，导致筛选人才的成本上升。这属于交易成本（transaction cost）的上升，企业不得不花钱来解决问题，这也造就了线上招聘平台、猎头、背调公司等的崛起。这些衍生行业发展迅猛，费用标准持续上涨。以 BOSS 直聘为例，2024 年第一季度，其营收同比增加了 33.36%，归母净利润同比增加了 649.94%。

如果付出成本能找到优质的人才，那企业还算是幸运的，但当前企业的人才错配率却普遍在显著上升。人才错配率如何衡量？穆胜咨询的标准很简单，看 6 个月以内的主动和被动离职占比。我们可以说新代际的员工越来越缺乏韧性，也可以责怪企业的招聘模块不专业，但这个结果就是发生了，企业招不到合适的人，还得再支付一次招聘成本。

其次看培训成本。培训专业上的趋势是，传统的教学培训模式边际效用递减，越来越难让企业满意。这里有一个标志性的事件，2021 年 12 月，字节跳动撤销人才发展中心团队（即 HR 培训团队），转而将培训工作完全下放到业务部门，号称要"以更务实的方式，研究如何做好这件事情"。

其实，培训的失效是可以预见的。一方面，由于新生代员工较为强烈的个性，"不听劝"是常规操作，他们的经验已经越来越等同于他们自己"踩过的坑"，仅仅提前给出攻略可能意义不大。另一方面，由于市场环境越来越复杂，培训内容往往很难直接转化为行动，也必须在实战试错中才能内化。问题是，大多数企业哪有那么多的试错空间让新人去"踩坑"呢？

更让企业尴尬的是，自己用试错空间让员工练出了本事，员工可能主动毕业跳到其他平台，谋求更高的薪酬。以前，有很多企业喜欢称自己是"学校"，现在，越来越多的老板开始反感这样的说法了。

最后看离职成本。劳动法和劳动合同法的立法宗旨就是倾斜保护劳动者权益，这在客观上肯定会增加企业支付的离职成本。而随着社交媒体上"离职博主"赛道的异军突起，各种离职攻略得到普及，劳动者越来越善于在离职中最大程度争取利益。

背景2：员工有效绩效产出期缩短

说完了雇用投产比的分母，我们还要看看分子。对于员工带来的"经营回报"，我们可以将其拆分为如下公式：

经营回报＝平均绩效水平 × 员工有效绩效产出期 × 经营结果转化率

这里，我们首先谈谈员工有效绩效产出期缩短的问题。**员工有效绩效产出期**，即员工产出正常绩效的周期，可以用如下公式来衡量：

员工有效绩效产出期＝员工职业倦怠期－新员工融入期

新员工融入期，也就是从新员工入职公司到可创造合理业绩之前的时长，可以视为员工的"预热时间"。

员工进入公司，开始了解公司、理解岗位、尝试贡献，有一个预热的过程很正常。事实上，企业通过各类培训、带教让员工快速融入，就是在尝试将新员工融入期压缩到最短。可别小看了企业这段时间的浪费，一是企业人工成本照付，但没有收获应该得到的绩效；二是员工在融入期如果无法有效产出，就可能主动或被动流失，这又导致了招聘成本上升。

穆胜咨询的《2024中国企业人力资源效能研究报告》显示，新员工融入期逐年上涨，已经增长至12.1个月，达到近四年的最高（见图10-1）。我们进一步的研究发现，不确定的商业环境影响了员工心理的稳定性，导致他们需要更长的时间才能在新的工作岗位上进入状态。

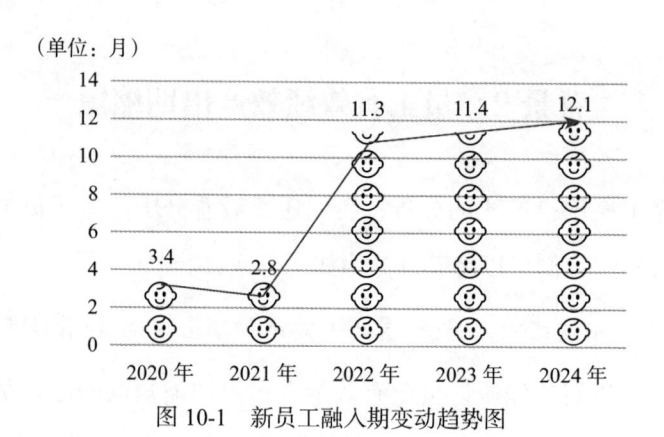

（单位：月）

图10-1 新员工融入期变动趋势图

资料来源：穆胜咨询《2024中国企业人力资源效能研究报告》。

所谓"员工职业倦怠期"，是员工从入职到进入"摸鱼划水"状态的时长，可以视为员工的"保质期"。事实上，很多员工都会从"热血沸腾"阶段进入"职场混子"阶段。

当员工进入倦怠状态后，可能马上离职，也可能会拖一段时间，但无论如何，他的心已经不在岗位或公司了，自然也不可能产出正常绩效。很多企业裁员也是依据员工是否产出绩效，认为既然该员工没有产出或是效率低下，那还不如裁掉来得痛快，这样对大家都好。事实上，大多数企业的裁员除了考虑环境的不确定性，更是在主动进行人才汰换，顾忌的就是"员工职业倦怠"的状态。

"员工职业倦怠期"很大程度上体现了社会的浮躁程度。我们调研数据的结论显示，样本企业的平均职业倦怠期在 2024 年已经处于 2.8 年的相对低点，而这项数据在 2020 年一度达到 3.4 年（见图 10-2）。

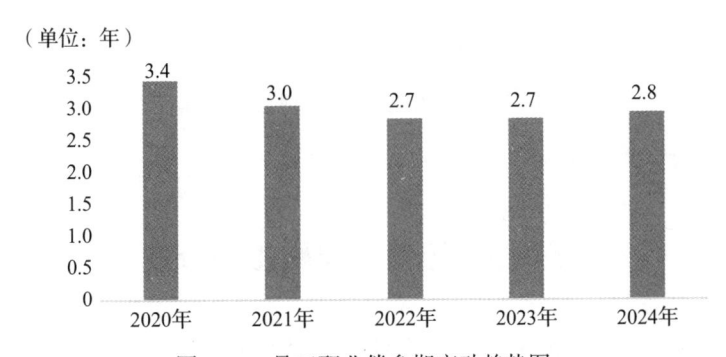

（单位：年）

年份	2020年	2021年	2022年	2023年	2024年
数值	3.4	3.0	2.7	2.7	2.8

图 10-2　员工职业倦怠期变动趋势图

资料来源：穆胜咨询《2024 中国企业人力资源效能研究报告》。

结合员工职业倦怠期和新员工融入期两个指标，我们可以发现员工有效绩效产出期在迅速缩短（见图 10-3）。2024 年，这项指标已经来到了 1.8 年，处于相对低点。事实上，从 2022 年开始，这项数据已经下落到一个稳定的量级。由此我们可以做出判断，企业当前雇用一个员工，能获得他有效绩效的时间不到两年，雇用关系似乎已经进入"短期时代"。

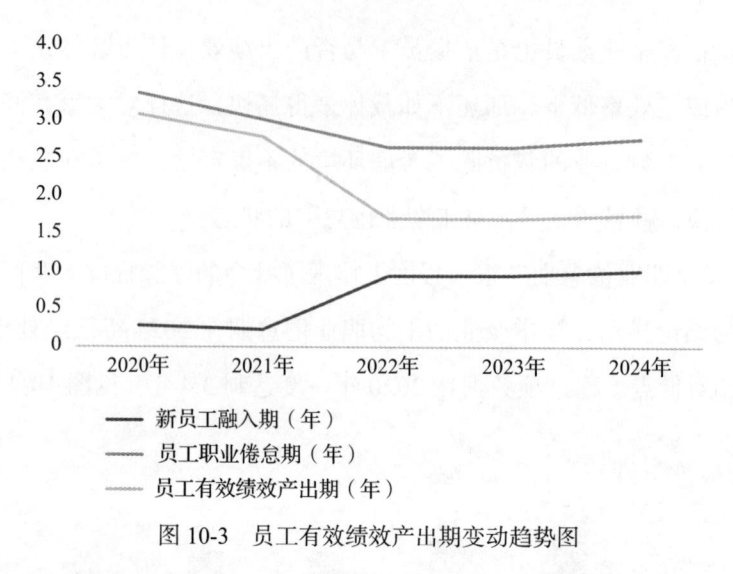

图 10-3 员工有效绩效产出期变动趋势图

资料来源：穆胜咨询。

背景 3：经营结果转化率降低

其实，大量老板都不怕大企业病，他们嘴上会埋怨，心里却觉得这是"幸福的烦恼"。尝试代入他们的视角，如果大企业病只会产生一块成本，只要企业的业绩出色，这块成本就是可以支付的。事实上，支付这块成本会让他们产生更强的"权控感"，因为内部的撕扯到了最后也需要老板来裁判，越是内耗，他操盘的感觉会越明显。从这个角度看，这钱花了也算"物有所值"。

老板不怕大企业病形成的成本，却怕员工因为大企业病而不打粮食。说白了，**内耗不可怕，但在内耗的同时得创造增量**。这就要说到"经营结果转化率"的问题。正如前文所言，在金字塔组织内，随着员工内耗的增加，他们会越来越习惯于盯着自己的一亩三分地，而不产出经营价值。

金字塔组织的最大问题在于前中后台割裂，各管一段。在这类企业里，中后台（甚至前台里的中后台）员工都不会直接产生经营价值，他们倾向于主张自己的专业价值。

所谓"专业价值"，也就是不能用财报上的经营结果来衡量，只能从专业角度来衡量的价值。例如，法务部门是否尽责，似乎就只能从法律专业上衡量。这显然有"自己给自己出题，自己给自己打高分"的嫌疑。于是，大量中后台部门开始"耍官威""歇斯底里搞流程""讲恐怖故事"。进而，中后台部门越做越大，越做越虚，越来越消耗企业的资源，但这些消耗的资源也变不成"弹药"，输送不到前台支持打仗。

老板们当然看到了这个问题，于是拼命将中后台人员往前台挤压。用穆胜咨询原创的"战斗人员占比（直接接触客户'打粮食'的员工占比）"这个指标来衡量，最新的《2024中国企业平台型组织建设报告》显示，占比30%以上的企业在2024年增加了4.9%。但这样有用吗？实际上作用不大，因为即使所有人都进入了前台，但经营指标依然只能下沉到少数人头上，没有背经营指标的，一样有机会"划水"。

至于那些承接了经营指标的前台业务单元负责人，他们也不一定有老板需要的紧迫感。一方面，他们可以讲大故事，要大资源，消耗性地产生一些虚假业绩（收入成本化），经营结果转化率并不高；另一方面，即使不能完成经营指标，他们也可以推说各种理由，毕竟中后台的支持乏力现象的确存在，这又会导致经营结果转化率进一步下降。

正因为金字塔组织的固有问题，我在第六章中提到了"组织精炼"和"组织转型"两种方法，希望能够挤出冗员，让组织以"端到端"

的方式形成核心竞争力，指向创造客户体验。想象一下，这种方式的组织设计，是不是有点像设计了一条最专业的跑道？员工在这条跑道上竞速，必然能够取得更好的成绩。这就是组织设计对于人效提升作用的简单刻画。

但反过来想，如果金字塔组织内耗的固有问题解决不了，加上成本巨大且效用短期的用工方式，企业的人效会不会急剧下降？**这就是很多老板觉得人越来越不好用的原因，有外部环境的原因（导致用工成本增加），也有人的原因（导致员工有效绩效产出期缩短），更有内部组织的原因（导致经营结果转化率降低）。**

大楼垮塌，都怪风暴吗

要提升人效，我们显然需要破解上述三大难题，但我们的方法不应该是头痛医头、脚痛医脚的"小妙招"，而应该是一套系统性的方案。要找到系统性的方案，必须先找到问题的本质，在病灶上发力，才能一通百通。

三大难题中，内部组织的问题早已存在，而外部环境和人的问题则都来自一个关键的新变量——新生代员工。可以说，"90后""00后"的新生代员工进入职场后，在种种内外部因素的作用下，其有效绩效产出期的确是下降了，这也推高了企业的用工成本，还放大了内部组织的问题。

但一场暴风雨如果能把大楼吹垮，这一定不是暴风雨的问题，而是大楼的问题。因为今天不来这场风暴，明天还会来另一场风暴，这栋大楼注定垮塌。同理，如果新生代员工的"暴风雨"注定如约而至，我们应该反思的是如何让企业这座"大楼"变得更加坚固，而不是一味抱怨年轻人。

仔细分析就可以发现，不少企业看似是一栋宏伟的大楼，实际上工程质量堪忧。有几个必备的基础性工作，实际上都是缺位或打折的。

一是组织设计。要进行组织设计，首先应该有清晰的组织架构图，而后依次确定部门的定位、职责和考核，并将这些要素一级级下沉到岗位，这样才算界定了企业内的分工，也就是明确了责权。反之，如果这一步没有做扎实，导致没有清晰的责权划分，新生代员工大可以按照自己的理解来定义工作边界。他们心气较高，相对注重维护自身权益，对于职场霸凌、歧视较为敏感，企业如果依靠管理人员随意分配工作，稍不注意就会有信息错位。

二是战略解码。当企业制定了战略后，就必须耐心地将战略目标在组织内层层分解，依次穿越前中后台，落到部门、团队、个人身上。只有这样才能让每个角落的人都跳出舒适区，最大程度创造经营价值或战略价值。但现实是，大多数企业根本不愿经历这种麻烦，尽管这是在金字塔组织里形成经营结果的最佳保障。它们高喊"做KPI不如做事""不要让KPI熄灭了创造力"等虚伪的口号，一年年地在战略解码上"划水"，而后在绩效考核上丝滑地走过场。当新生代员工面对这种氛围时，自然又会产生应激反应，他们从自身角度阐释自己工作的价值，甚至会把苦劳当成功劳，反正身边的大多数人不但没有产生功劳，连苦劳也没有，"那我凭什么要多做事"？

三是人效管理。如果组织设计明确了分工，战略解码明确了各种分工需要产出的业绩，那么，就应该在各类业务、各个部门之间合理调配人力投入，紧盯效能。如果前中后台的部门都需要为人力资源的投入负责，那部门负责人就进入了准经营者的角色。如果部门负责人没有人效的压力，他们就会本能地做大队伍规模，当人浮于事时，一定会产生关于苦乐不均的矛盾，新生代员工对这种矛盾特别敏感，自然不会继续努力产出。

现实的冲突是，**企业没做好自己分内的事，而新生代员工又对职场环境要求极高，两者对撞，自然就是鸡飞狗跳**。企业会抱怨年轻人不好用，而年轻人也抱怨企业的职场环境差。作为企业也挺无奈，自己以前就是这样管的，现在怎么就有人不服了？作为年轻人也很委屈，自己从来就是在呵护下成长的，这么不尊重人的职场环境，怎么如此光明正大地存在？

从"激活组织"到"激活个体"

平心而论，企业自然是该被批评，但也并非所有新生代员工都有道理。有人是真有本事、怀才不遇，也有一部分人是滥竽充数，还飞扬跋扈。

一方面，他们不怎么做事。有个说法是，"年轻混子"们有四不做：一是会做的不做，因为做了也没有成长；二是不会做的不做，我不会做怎么做？三是着急的不做，做了容易出错，我不接锅；四是不急的不做，不急的话现在做什么做？

另一方面，他们还会破坏组织氛围，对企业形成巨大伤害。在以前的职场环境里，滥竽充数的南郭先生至少不会当刺头；但现在，滥竽充数的"年轻混子"却一边"划水"一边"教育"职场。真正做事的人，没有那么多的抱怨，他们的精力都在做事上；只有一些出不了活的人，才会有种种的抱怨，既是为了自己不出活找理由，也是为了拉其他人和他们一起摆烂。

你批评这些人不出活，人家有一万个理由指责企业没有给他好的环境。偏偏那些大企业病是真的存在，根本不用人家拿着放大镜去找。现在社交媒体上，吐槽公司，发帖让人"避坑"的，真的是不计其数。至于那些真正有才华的年轻人，自然也被企业一团糨糊的职场环境耽误了，更被吐槽的氛围带偏了。

前几年，还有老板提出希望有"新生代员工管理"的方案，其实，这根本就是伪命题。企业自身的问题无法解决，于是商量针对这个群体的对策，或是讨好，或是压制。**其实，如果认认真真进行组织设计，踏踏实实做好战略解码，再精打细算进行人效管理，企业就会形成一种强大的人才筛选机制。**在这种机制里的员工更多不是对领导负责，而是对市场负责。不要压制别人的个性和才华，让他们在市场里尽情地施展，至于那些南郭先生，市场也会为他们卸去伪装，他们的雇用投产比低，自然应该被淘汰。

道理已经讲清楚了，但我相信企业在实施上述方案时，依然会左顾右盼、犹豫不决，因为大量企业老板的认知里有两个很典型的谬误。

一是乱立人设。把企业说成家，把员工说成兄弟。我认为，企业不是家，是个球队，大家是荣辱与共，一起去争取胜利的。你要真立了这个大家长的人设，面对劳资矛盾时就容易被舆论裹挟。

二是乱做带教。老板们要清晰地认识到，有员工渴望成长，也有员工愿意躺平，新生代员工很难被改变。雇用关系更多的是双向选择，而不能是强行改变对方。遇到不合适的，尊重、祝福就好；遇到员工就想带教，只会被认为"说教味十足"。企业只能找出那些愿意成长的人，去投入精力，对于这类人，你不教，人家也要学。

如果企业想清楚了道理，就应该从组织入手来抓人效，来迎接新生代员工的"风暴"。

最优策略还是打造平台型组织。这种组织模式打破了金字塔组织里前中后台割裂的传统，让前中后台的关键节点（岗位）自动连接，形成小经营单元，面向客户打粮食。滥竽充数的人在这样的组织模式里，根本没有办法混日子，因为在经营单元里是大家一起"做生意"，你不创造价值，拖了大家的后腿，还想要分大家的钱，其他人自然会主动淘汰你。

形象点说，**以前是大家合伙来"对付"老板，老板怎么都是恶人；现在是大家一起来"对付"客户，老板反而成了后盾。**

这样的组织模式是个天然的筛选器，会自动筛除那些雇用投产比太低的员工，留下真正的奋斗者。在员工中，新员工融入期太长的留不下来，职业倦怠期太短的留不下来，不创造经营价值的留不下来，没能力还抱怨的更留不下来……最妙的是，这个淘汰的过程是由创造价值的奋斗者们推动的，根本不用企业来动刀。在这样的组织里，被淘汰的人也别在各种平台上发布内容高喊"避坑"了，你要是真这么有本事、能创造经营价值，企业也不可能淘汰你。

永远不要期待直接激活个体，而是首先要期待激活组织，当组织的每个模块都被市场机制激活后,个体自然无处躲藏,无论是几零后。

当企业完成了这种组织变革,老板就会发现自己以前的"家文化"和"带教执念"有多幼稚。企业真正可以依赖的,就是少数有能力、有意愿的奋斗者。他们是核心人才,可以依赖平台的赋能创造非凡价值,让企业的核心人效(窄口径人效)远超宽口径人效,这就是必然的趋势。随着科学技术(生产力)和组织设计(生产关系)的进步,这种趋势还会呈指数级发展。

下篇
EXTREME SURVIVAL STRATEGY

极限生存行动

有了极限生存战略带来的思路，企业自然会重新校准市场需求与自身的核心竞争力，重新梳理各类业务，也会在各类业务上合理投入人力、财务这两种资源，甚至会狠抓人效管理，将其作为破局的关键。

但思路上的清晰和动作上的积极，并不意味着就可以一蹴而就达到理想的极限生存状态。企业的战略有路径依赖性，其组织设计也相对固化，而人力、财务预算制度更是相当刚性，需要一步步将其松动。"定战略→做解码→调组织→锁预算"作为极限生存四步法，是一个环环相扣的过程，每一步都不是小修小补，而是深度变革。

好消息是，这些变革会带来降本增效的速赢效果，让企业获得更多的生存筹码；坏消息是，这些变革就是为了打破现状，在行动上也格外雷厉风行，因此必然遭遇巨大阻力。如何在效能的理性和组织的温度之间平衡，如何让这些变革不仅不会冲击组织氛围、激化劳资矛盾，反而会强化战斗精神，塑造"类合伙文化"，成了企业不得不面对的重要课题。

EXTREME SURVIVAL STRATEGY

第十一章

极限生存的干净财报

对于相当一部分老板而言，战略和组织的问题还是过于阳春白雪。在红利时代思考一下，会显得自己比较有格局；而一旦进入紧缩时代，大家都在为生存担忧，自然就无暇顾及了。

所以，要让企业贯彻极限生存战略，仅从战略或组织上思考，并不是一个合理的切入点。企业经营的实践告诉我们，再野性的老板也不得不面对财报。大多数时候，面对老板的天马行空，CFO（chief financial officer，首席财务官）简简单单几句话就能让他们冷静下来。例如："老板，您这种操作，会计准则可不允许呀。"再如："老板，这样的话，我们的资金链可绷不住。"

回到冰冷的财报，在财务的口径上提要求，企业才会真正进入极限生存的状态。事实上，企业也必须思考一下，要进入极限生存的状态，自己需要一份什么样的财报。

要回答这个问题，我的建议是——**先做"极限生存测试"**。所谓"极限生存测试"，就是让企业模拟一下，如果各种利好因素消失，利空因素堆积，企业应该如何生存（让经营活动现金流为正）。

如果企业真的进行了这种测试，它们很快会发现，**要实现"极限生存"，企业必须有一张"干净的财报"**。换句话说，就是要去除财报中的泡沫，让其盈利逻辑变得坚不可摧。清理财报的思路如图11-1所示。

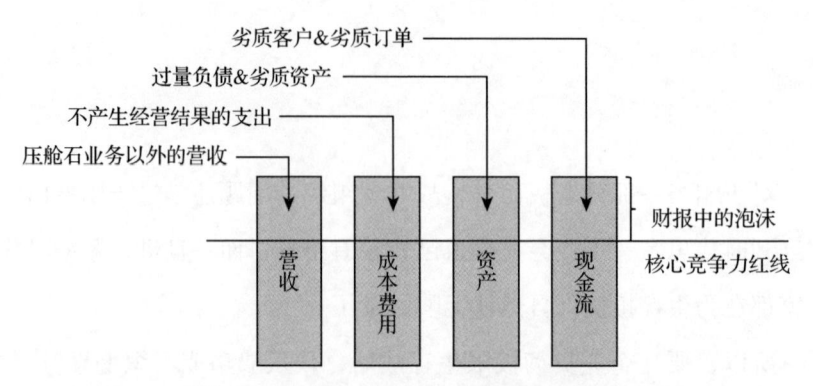

图 11-1　极限生存测试里清理财报的思路

资料来源：穆胜咨询。

收入盘点：找出"压舱石"

经营压力之下的企业，营收规模肯定是大幅下降的。此时，每一份营收似乎对企业都无比珍贵，越是要失去的，越是让人珍惜。于是，老板们必定会竭尽全力去维持每一项业务。但我要说的是，这种思维可能是错误的。

企业的营收来自各项业务，但只有一类业务形成的营收可以称为"压舱石"，即那种**"以企业核心能力去满足灯塔客群的需求而形成的营收"**。

简单点解释，同质化产品依赖企业的一般能力，满足的是客户的浅层需求，这种营收看行情，增长则来自大势。如果大势没了，整个市场的蛋糕就会缩量，此时你还去卷同质化产品，那就是大家打价格战，一起降质量，最后价格撑不住了，就只能做伪劣产品，迟早"塌房"。

所以，我并不是说压舱石以外的营收不是钱、不能拿，而是说获得这类营收的代价太大，而且会越来越大，没有前途。更重要的是，这种四面出击的模式，会让企业模糊自己的业务重点，让资源投入变得分散，核心竞争力得不到强化，最终在竞争中逐渐平庸。

我很理解一些老板不舍自己"打下的地盘"，想要再撑一会儿，想熬走别人。这种思维对不对呢？

这就要提到让很多老板陷入误区的**"规模执念"**。理论上说，规模的确可以带来优势，企业的规模大了，可以降低单位采购价格，拉高生产效率，提升销售的费效比，连银行给的授信也要增加，更别说老板的社会地位……

但这种"规模执念"会形成一个**"甩锅式思维陷阱"**。

以互联网企业为例，它们往往认为自己比不过行业龙头，是因为自己的用户数太少。如果用户数够多，它们就可以反向整合供应链资源，提供各类服务，而后，依靠庞大的流量池，销售也可以形成摧枯拉朽的势能，最终收获庞大的 GMV[1]。所以，它们把自己发展不起来的现状，都归结于没有资本相信它们，归结于融资不力使得自己没有钱做流量。

以餐饮企业为例，它们往往认为自己的门店经营不力，是因为门店数量不够，缺乏规模优势。只要有了门店规模，就可以在供应链上获得低价，在生产上批量复制，在品牌上一夜成名，在销售上点石成金（让渠道、客户为之疯狂）。所以，它们把自己发展不起来的现状，

---

[1] GMV 即商品交易总额（gross merchandise volume），多用于描述电商行业或其他平台类企业在一段时间内的成交总额，一般包含拍下未支付订单金额。

同样归因于融资不力，展店太慢。

正因为这些"甩锅式思维陷阱"，企业要么是把 to B 或 to C 的商业模式，做成了 to VC（风险投资）的商业模式，精雕 PPT 技能；要么是把希望放在品牌打造上，期待通过定位等轻巧方式来点石成金，更有不少老板把自己打造为网红，希望用自己引爆品牌。

在上述两个例子里，逻辑都是成立的，但逻辑的原点是企业的核心竞争力，是核心竞争力形成的业务压舱石。没有这个 1，所有的宏图大志都是 0；没有这个 1，所有的规模都是"无效规模"。但问题是，就是有那么多人喜欢堆叠无数个 0，却忘了做好那个 1，还把没有 1 说成是自己"战略高明但时运不济"。何其荒谬！

支出盘点：找出"减脂餐"

理性的经营思路都是"以收定支"，至少要以预期的收入来确定支出。在收入缩水的情况下，压缩支出是必然的选择。

其实，从 2022 年开始，我们就不断听到有企业提出"降本增效""去肥增瘦""提质增效""减肥增肌""二次创业"等口号，但这些口号后的行动更多是在传递寒气，并没有真正达到减少无效支出的效果。说穿了，你把公司的快递服务由顺丰变成韵达，把厕纸少放几卷，把免费的打包餐盒取消……又能节约多少钱呢？

我给穆胜咨询的客户企业经常提到的一个概念是"减脂餐"。

我们把企业假想成一个正在减肥中的人，他必须要清楚的是，花钱买了一大堆垃圾食品，不仅浪费了伙食费，还会撑大自己的胃口，拉偏自己的口味。企业里的很多"务虚"的支出也是如此，不仅本身没有作用，还会让企业产生一连串的周边支出，这些支出更是"务虚"。

过去几年，我常常看到的场景是，老板突发奇想发起了一些任务，为了这些没有什么经营目的的任务，又要增设岗位，又要增加支出，最后支出像滚雪球一样……殊不知，增加支出容易，减少支出可就难了，分走的蛋糕，难道还想收回来？

什么是"减脂餐"？就是它提供必要的营养，让身体一直处于低负担状态，让运动机能更加强大。篮球领域的勒布朗·詹姆斯、足球领域的C罗，都是在饮食方面严格控制的典型，他们严格忌口，并且每年在身体保养上花费几百万美元。而在这一领域，可以作为反面教材的运动员太多了，这些人一旦拿到高薪，就开始在饮食上放飞自我，把自己吃成运动员界的"肉球"，白白浪费了惊人的天赋。

其实，大多数企业就和这类运动员一样，饮食结构太不健康了。咱们仔细想想，浪费的企业和不自律的球员为什么会这样？一方面是对自己的业务势能或运动天赋自信，觉得这点放纵没什么关系；另一方面是缺乏追求，本身就把自己定位为"套利者"，所以不在意那些"细节"。你以为每个球员都想成为球王？每个企业都想抵达伟大？在回答记者问题时，他们都会说漂亮话，每个球员都会说"我是个天生的竞争者"，每个老板都会说"我有一个梦"，但绝大多数的他们都是凡人，赚钱是第一诉求，哪有心思在这些"细节"里纠结？

但是，盲目的支出会制造太多的海市蜃楼，形成太多的利益群体，养成太多的捷径思维，让企业彻底迷失。如果认识到这一点，企业就应该仔细盘点一下，哪些支出是真正刚性的，哪些人才是真正的中流砥柱，以精简后的"财、人"两类支出，来追求高财效和高人效。其实，这两个领域里水分太多了，原本以为离不开的离开了，企业照常运转。

资产盘点：减杠杆，提效能

以前在和企业打交道时，大多数传统企业的老板都喜欢提资产规模，尤其是当大家不熟的时候，更喜欢用这个数据来撑场面。其实，稍微懂点财务的都应该知道，资产减负债，才等于股东的"所有者权益"。

但大家似乎口径一致地"只提资产，不提负债"，无非是因为两个前提条件：

其一，只要能从金融机构把钱借到手里，那就代表自己有本事，自己就掌握了资产的所有权，只要金融机构不抽贷，那自己就可以辗转腾挪。

其二，只要大环境足够好，企业的 ROI、ROA 等指标就是有个基准水平的，投入的资产就都能产生收益，资产规模越大，收益自然就越大。

可问题是，这两个前提条件在当前已经不成立。

一方面，在充满不确定性的时代里，融资的难度肯定更大，而且资金供给不稳定。至今，"融资没有到位"已经成了不少企业倒下的直接原因，柔宇科技、极越汽车等过去的明星企业，不都是这样的吗？

另外，"能融到钱就是自己的本事"这个说法也不成立。在经济形势向好时，金融业自然也活跃，大量资金涌入金融市场，都在找项目，这是市场的"大势"，不是企业的"本事"。我接触过的一些风险投资机构，管理大量资金，甚至还因为过于谨慎没有投出足够多的项目而被LP（有限合伙人，负责出资）诟病，被认为不够积极。

要说股权融资对资产负债率没有影响，那债权融资就需要谨慎了。其实，对于激进的老板来说，资产负债率可能是他们最不愿意讨论的话题，谁提这个话题，马上会让他们进入"战斗状态"。他们大多坚持认为自己的资产负债率在行业里是比较优秀的，即使稍微高点，自己也能承受。其实，这是把发条上满的状态，完全依靠"大势"，根本没有做好应急的心理准备和预案。资产负债率哪有恒定的标准？一定是随着宏观经济和中观产业的波动而调整的，为了适应这种波动，企业一定要提前准备。但问题是，大多数老板都愿意为了机遇而超前提高资产负债率，但不愿意为了风险超前降低资产负债率。表面上看，这是对形势的判断失误；本质上看，还是贪欲。

另一方面，商业环境的严苛让资产的增值能力大大降低，甚至大量盲目购置的资产开始闲置，资产利用率让人不忍直视。其实，很多企业并不是因为当前商业环境变化才让资产闲置，而是过去自己在购置资产时就已经"冒进"了，商业环境的变化只是来清算这些冒进而已。

其实，资产不能被有效利用，还是企业本身的核心竞争力问题。企业有多大的核心竞争力，就能支撑多大的资产边界（也是业务边界）。在核心竞争力不足时还大量购置资产，这是希望"大势"的风可以把各种"猪"吹上天。正如我们过去经常看到某些企业在实施并购之后，派出了完全不懂行业的团队进驻管理层，就是这种赌法。现在风停了，企业必须拷问这些"猪（各类资产）"有没有翅膀，自己能不能帮它们插上翅膀。

那如何判断（资产的优劣）？以效能（财效和人效）作为标准，一目了然。效能不达标，就是缺乏核心竞争力，驾驭不了这些资产，还不如放手。即使是优秀资产，也必须不断提升效能，这是翅膀，是资产的抗风险能力。

企业不妨自己理性判断一下趋势，如果上述趋势已经明朗，那么，壮士断腕般地出售非核心资产就是必然选择。一来可以降杠杆，屏蔽金融环境中的不利影响；二来可以提效能，让核心资产能够在核心竞争力支撑下被充分利用。

现金流盘点：删除没有"后天"的客户

企业亏损不会导致破产，但负现金流会直接杀死它们。那些账面上有利润、资产负债率也不高，但就是没有现金的企业，无法偿还到期债务，也无法启动供应链，最后就只能倒闭，这就是俗称的"黑字破产"。

企业的正现金流主要来自融资和经营两项活动，融资前面已经简单提到了，这里就不再赘述，我主要谈谈经营活动现金流问题。不少企业还在开展经营活动，提供产品、服务、解决方案，但钱进不来，为什么？客户拖欠账款。

我开门做生意，你不付钱，凭什么要继续服务？在极越汽车的案例里，有公关公司宣称被拖欠了3700万元的应收账款，要说你被拖欠这么多工程款倒还可以理解，公关服务款被拖欠这么多，就有点让人匪夷所思了。其实，原因无他，就是被甲方的"气场"忽悠了。

你想想，一个脖子上戴着金链子、手腕上戴着金表、腰间系着爱马仕、坐骑是BBA（奔驰、宝马、奥迪）的大老板和你吃饭，要你这次买个单，你好意思不买吗？你要是稍微露出一点为难的表情，人家大老板马上说："小×呀，这样，我喜欢和爽快、有格局的人一起合作，这次的生意我们就算了吧。"稍微缺乏社会经验的你，还不被吓得屁颠屁颠地去买单呀？

殊不知，"大哥"的浮水金链、霸气金表、爱马仕可能都是地摊货，BBA也可能是租来的，他兜里可能也没几个钱，和你玩的就是心理战。说不定，他整个盘子玩的就是庞氏骗局，为的是日后债多不愁。请记住，你只要稍微露出一点"愿意买单"的表情，猴精猴精的"大哥"立马就能嗅到你的贪婪，放出诱饵，等你上钩。

让我们再把标准定得严谨一点，即那些不是虚张声势的"大哥"——有支付能力的劣质客户，也一定要尽快清理。什么是劣质客户？网上有段没有找到出处的话说得很生动——**劣质客户，就是想用一元钱买两元钱的产品，实现三元钱的效果，享受四元钱的服务，去做五元钱的宣传，最后拼命挑你的毛病，不想付那五毛钱的尾款，甚至还要找你要两元钱的赔偿**。这种客户，不清理掉留着干吗？

当然，我充分理解，很多重资产企业不得不做亏钱生意，因为资产闲置会让它们亏得更惨。如果有这种顾虑，那请看我上面提到的一条，尽快为资产减负，有损失也就认了。

真正的好客户，不是有"明天"的客户，而是有"后天"的客户。这种客户，需求明确、支付稳定、业务健康、生命周期持续。有时，那些被"大哥"忽悠的供应商，不是没得选，而是喜欢铤而走险。

EXTREME SURVIVAL STRATEGY

第十二章

极限生存的四步行动

不少企业在进行了"极限生存测试"之后，开始意识到自己的财报存在多个问题，而后，它们会很自然地选择进行以"降本增效""去肥增瘦""提质增效"为名的一系列运动。这些运动最开始风风火火，但最后像一阵风，来得快，去得也快。原因无他，只因为企业在战略和组织上没有任何的变化。

财报，本质上是战略制定和战略执行（组织问题）在经济层面的结果。要想得到一张"干净的财报"，企业必须从极限生存的角度，重新锚定战略，重新设计组织。战略和组织犹如两把尺子，衡量出了企业在财务三表上的冗余，让企业的降本增效运动变得有意义且可持续。

如果说上一章的"极限生存测试"只是带来了思维层面的警醒，那么这一章的"极限生存四步法"（见图12-1）就会实实在在让企业累积生存筹码。这绝对是一场系统的变革。

	第1步：定战略	第2步：做解码	第3步：调组织	第4步：锁预算
主题会议	• 战略梳理会	• 战略解码会	• 组织调频会	• 全面预算会
核心模型	• 穆胜战略制定MP3模型	• 平衡计分卡	• 穆胜组织精炼检验罗盘	• 零基预算法 • 效能包干法
输出成果	• 战略内核&战略主题	• 战略解码表	• 组织调整方案	• 财务预算

图 12-1 极限生存四步法

资料来源：穆胜咨询。

第 1 步：定战略

在严苛的商业环境里，企业要极限生存，必须有清晰的战略。但在这个环节里，大多数企业的"贪欲"依然表露无遗，它们喜欢把战略意图当作战略，提出"百亿/千亿市值""再造一个××"等情怀口号，或者提出"布局三四线（城市）""打造高端品类""业务出海""数字化转型"等业务方向。夸张的是，我曾经在多个企业看到同样的"战略"，试想，如果战略可以这么简单地被套用，那就已经证明了它不是战略。

企业提出的"战略"，应该是基于"战略内核"，而后进行"战略选择"，并总结出来的"战略主题"。它凝练了企业在战略级行动上的方向，对于企业当前的阶段具有根本性的指导作用。

这一步，企业首先必须定位出**战略内核**，也就是企业的**"利基市场"**。它们应该在自身的资源限制下，考虑时间限制和竞争对手给出的空间限制，选择出灯塔客群的有效需求（见图 12-2）。换言之，战略内核不是一开始就能确定的，必须经过反复推敲，才能锁定需求（灯塔客群的有效需求）和供给（基于核心竞争力的产品、服务、解决方案）两端，而后才能铺排各种相应的战略行动。

对于企业来说，在这一步投入再多的时间也值得，因为战略不清晰才是"最大的浪费"。如果不考虑资源、时间、竞对的限制，企业完全不用做战略。反之，战略之所以难，就在于它是上述几个约束变量下的求解，约束变量越多，求解越难。不少行业草创时期成长起来的企业老板拒绝科学的战略定位方法，他们认为自己的灵感就是战略，这种制定战略的模式就够用了。这不对，他们的成功不过是因为时间和竞对的限制较少，说白了，就是"做得早，对手少"。相当于一个中学生抽到一张小学生水平的试卷，做了 90 分，这不代表什么，只能说运气好。

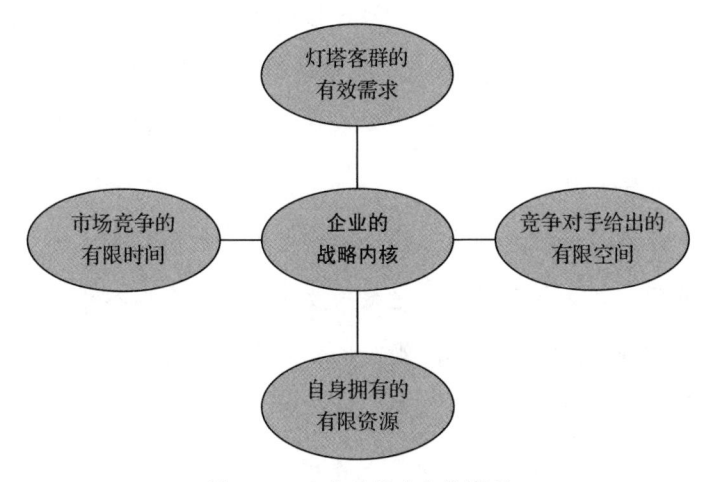

图 12-2　企业的战略定位模型

资料来源：穆胜咨询。

随着行业的成熟，资源、时间、竞对的限制都会越来越复杂，这直接倒逼企业的战略定位水平。另外，随着经济下行压力加大，上述限制变得越来越严苛，让这种考验进一步升级。原来幸运的中学生升学了，开始面对大学生，甚至是博士生的考题，如果自己的水平还没升级，自然就会面临尴尬。

举例来说，一家美妆连锁零售品牌原来在一个内陆二线城市扎根，主要依靠从日韩进口物美价廉的三四线好货取胜，加上老板夫妻亲自巡店、站店、真诚待客，传授护肤经验，在当地小有名气，目标客群是关注产品性价比的"成分党"。

但当他们开始向全国其他城市（尤其是相对开放的城市）拓展，并力图建立专家IP、摆脱低价形象时，这些优势就荡然无存。因为这些城市的客户并不认可他们引入的日韩小品牌（何况还要卖高价），竞对早已做过了，而老板夫妻也不能全国站店，至于所谓的护肤经验，早就随着互联网的发展被各种社交媒体上的攻略所取代，并不足以支撑他们建立专家IP。

随着经济下行压力加大，这些战略定位上的瑕疵被迅速放大，拓展出去的门店开始经营乏力。老板夫妻将这种状态归咎于大环境不好（如门店所在的商业区萧条），他们也舍不得展店的成本，于是苦苦支撑，并坚定地执行"走向中高端"的战略来对抗环境风险，希望抓住那些不受经济环境影响的中高收入客户。这种误判之下的坚持，自然是让他们身陷泥潭。

简言之，原来在"本土"能够成立的战略，随着扩展到全国而根本无法实施，更何况，他们还出现了要"走向中高端"的战略漂移。这是典型的没有理解战略定位原理，且忽略了竞对、资源等条件变化的表现。他们的"布局全国""转型中高端""优化供应链"等所谓"战略"，都只是战略意图，本身就有巨大的瑕疵，经济环境不是他们展店失败的主要的原因，只是放大了这种瑕疵。

这一步的行动从开好"战略梳理会"开始，这种会议的目的是在科学的框架内集思广益，定位企业的战略内核（利基市场），并通过

在战略行动上权衡取舍、缓急、轻重，归纳出最合适的战略主题。这里要解释一下，为何叫"战略梳理会"而不叫"战略共创会"或"战略研讨会"，我的假设是战略不是创造或讨论出来的，它本来就在老板和高管的心里，我们需要的只是用科学方法梳理信息，把它找出来而已。

现实中，极少企业通过科学的方法来制定战略，而将战略意图当作战略的企业太多了。如果没有意识到上述战略内核的逻辑，它们就算再开一百场"战略梳理会"，也会徒劳无功，因为所有参会者都会基于自己的理解来发散战略，最后大家达成的共识就只能是几句口号，口号最没有争议嘛。

反之，如果意识到上述战略内核的逻辑，它们就可以运用我在第六章提出的"战略制定 MP3 模型"，通过各种研讨形式逐渐逼近真相，而后才是通过归纳、演绎的方式找到自己的战略（主题）。如果我们在这个过程中加入了严苛的商业环境带来的若干环境变化，企业的战略（主题）就会具备"极限生存"的属性。

让人忧心的是，当前的环境似乎并未倒逼企业思考战略。穆胜咨询的一项调研显示，很多企业的战略正变得越来越平庸（见图 12-3）。从 2020 年开始，主张将"量价并重"作为战略的企业数量持续攀升，直至 2023 年，已经有 76.7% 的企业进行了这样的模糊定位。反之，以"走量为主（低成本）"和"关注溢价（差异化）"作为战略的企业占比则持续下降。

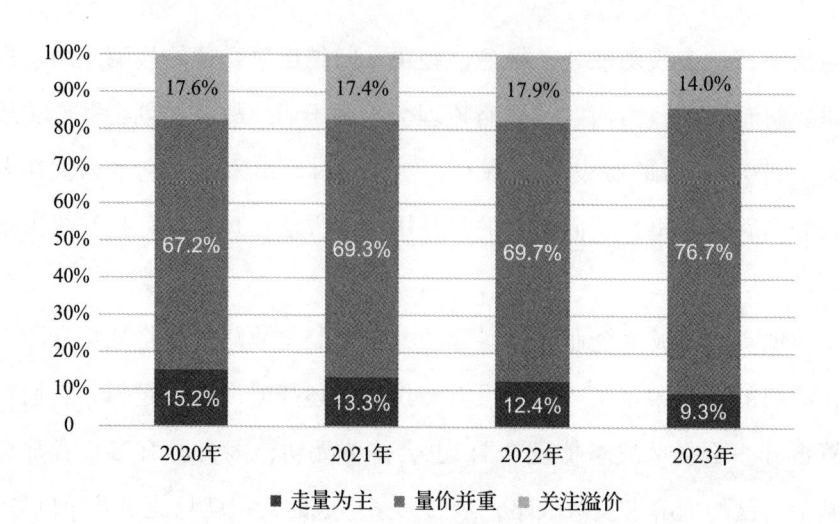

	2020年	2021年	2022年	2023年
关注溢价	17.6%	17.4%	17.9%	14.0%
量价并重	67.2%	69.3%	69.7%	76.7%
走量为主	15.2%	13.3%	12.4%	9.3%

图 12-3　企业战略变化

资料来源：穆胜咨询《2023 中国企业人力资源效能研究报告》。

我们对样本企业的深度访谈反馈，大多数老板不愿做明确的战略定位主要是因为他们并没有想清楚战略。道理很简单，如果他们想得足够清楚，如果战略真的让他们看到了"一针捅破天"的广阔前景，那么他们就一定会全力推动战略执行。反之，如果停留在战略意图上，不敢往下明确指示战略行动的"取舍、缓急、轻重"，那其实就是自己没有想清楚。有意思的是，在现实中，几乎所有老板都会告诉我，"我们的战略非常清晰"。有时，这是受限于他们当下的认知水平；有时，这纯粹是给自己壮胆的一句话罢了。

第 2 步：做解码

战略的制定和解码是两个层面的事情，前者是基于战略内核确定战略主题，而后者则是将战略主题解码为具体的绩效任务，变成"可量化的 KPI 数字"和"不可量化的行动里程碑"。

从逻辑上讲，战略解码是战术和更微观层面的事情。我们在第九章已经定义过，战术层面实际上就是如何将不同资源（的供给）投入适配客群（的需求），搭配出投产比最大的"投资组合"。而按照战术上的投资布局，似乎只要逐级分解，自然可以解码出更加具体的绩效任务。

但现状是，这个过程困难重重，大多数企业的战略目标是层层分解、层层耗散，最后个体业绩的加总不等于整体结果。传统的说法是，每次上级在明确下级的战略解码时，都是一场艰难的博弈，下级会隐藏指标、下压目标、伪造数据、编造理由，这就是战略解码走偏的原因。而一旦战略没有被有效解码，大量员工的工作就很大程度失去了意义，一系列的浪费自然就产生了。

上述问题的确存在，但我想强调的是，**上下级的博弈并不是关键，前台和中后台的撕扯才是**。

对于前台业务单元，企业喜欢把所有业务都当作"利润池业务"，简单粗暴地拆解经营目标（主要是利润），这看似逻辑清晰，却在很大程度上模糊了不同业务单元的定位，导致它们只能短视地追求经营目标。对于中后台职能部门，绝大多数企业都很难找出它们与战略的直接关系，而职能部门当然也不愿意"出卖"自己，发起真正有挑战性的战略任务，于是，这类战略解码变成了日常工作陈列。不仅如此，这些职能部门还会进一步强调自己主要的定位是"维护规则"而非"（向前台）输送资源"，因为在这样的定位里其业绩更难以考核。

如此一来，好好的战略已经被"解码"得变味了，前中后台承接到的解码此时都与战略无关。极端的情况是，任战略如何变化，每年解码出来的任务结果基本相同，老板们自然会认为严谨的战略解码工作没有性价比。

这种无效的战略解码会导致严重的组织内耗。

前台的业务单元并不能自行决定经营业绩，它们所需的大量经营资源都掌握在中后台手上，而中后台并不承接支持前台的战略解码，它们的"官僚化"是必然的。不仅如此，职能部门为了完成自己所谓的"战略任务"，强化自己的管控地位，还会强行向业务单元分解自己的指标，这就导致前台不得不为经营以外、与战略毫不相关的任务去投入。

由于戴着镣铐跳舞，前台自然可以为业绩不达标找理由，并索要各种预算资源，这就导致了前面提到的"收入成本化、成本费用化"。而中后台的"官僚"们，一边努力向前台转嫁自己的指标（如一刀切考核人效），影响前台获得有效营收；一边热衷于各种与经营无关的事务，表演出自己的专业性，在费用端严重浪费。这种僵局很难打破，因为前台业务单元和中后台职能部门都有自己的议价能力，一方是业绩的来源，一方是老板的亲信，此类矛盾很难解决。

于是，**企业陷入恶性循环**——越是轻视战略解码，战略越不会被分解压实，企业越是浪费严重，加上外部商业环境愈加严苛，企业就会本能地狠抓运动式的降本增效，继续无视战略解码这种短期看似无产出的"基础工作"，如此一来，企业竞争力逐渐衰败，在看似努力和忙碌中坚定地走向死亡……

要极限生存，不能一味图快，在极限生存战略的理念里，慢就是快。

这一步的行动从开好"战略解码会"开始，这种会议的目的不是摊派目标，而是将企业作为一个整体，在重新明确前中后台定位的前提下，共同研讨战术，并为后续的行动各司其职。

要开好战略解码会，必须有一个**"解码模板"**，这个模板串联了企业的前中后台和所有职能，讲述了从管理到经营、从组织到战略的完整故事，能让企业内的所有人代入其中。在"定战略"阶段，我给出了"穆胜的战略观"，并提出了战略制定 MP3 模型；而在"做解码"阶段，事情变得简单，因为"平衡计分卡"（balanced score card，BSC）⊖这类工具以及其变种已经相当成熟。基于平衡计分卡的框架，战略解码会越来越清晰，而大量跳出这个框架的企业，本质上还是老板的决心不坚定，图快嫌麻烦，再加上员工们不愿被压实任务，两相合谋后，一起丝滑地绕过了这个步骤。

开好战略解码会，还有几个要点：一是前台的战略解码应该各有重点，该跑营收的跑营收，该做利润的做利润，切忌"既要、又要、也要、还要"。二是中后台要转变定位，从"规则维护"转向"输送资源"，找到真正能够支持前台经营的发力点。三是中后台基于发力点

⊖ 亚德诺半导体公司（简称"ADI 公司"）最早于 1987 年就进行了平衡计分卡相关的实践尝试，其目的是解决战略制定之后的执行难题。罗伯特·卡普兰（Robert S. Kaplan）教授在受邀参与 ADI 公司某个项目研究的过程中，发现了第一张平衡计分卡的雏形。1990 年，卡普兰教授受邀为复兴全球战略集团一个为期一年的新的公司绩效考核模式开发项目担任学术顾问，与该项目负责人、该公司（Nolan-Norton）总裁戴维·诺顿（David P. Norton）对 ADI 公司的计分卡进行了深入研究，将该计分卡扩展、深化为包括财务、客户、内部运营、学习发展四个维度的模型，并将其命名为"平衡计分卡"。1992 年初，卡普兰和诺顿将平衡计分卡的研究结果在《哈佛商业评论》上进行了首次发表，并在后期发表若干作品，极大程度地丰富了这个理论与方法体系。这一工具凭借强大的魅力，迅速走红，成为当时欧美企业在进行战略解码时的主流框架。

向前台分解的任务，要限制在一定权重内，即不能一味向前台转嫁考核压力，俗称"以考代管"。我们更希望的状态是，为前台的经营类任务设置高权重，而为中后台分解的、有助于提升经营水平的其他任务设置低权重。中后台需要做到的是，通过积极提升赋能水平，让前台认识到完成这些任务对于推动经营指标完成的重要意义。这相当于做出赋能产品，让前台乐于选择。

这里的技术难点是，每个企业的每个业务单元由于经营压力、授权定位、战略思路的不同，都有不同的"考核权重平衡点"，即中后台渗透的非经营类任务的权重占比（见图12-4）。举例来说，对于一个初创期的企业，中后台赋能水平不高，不能让它们控制太高的考核权重。

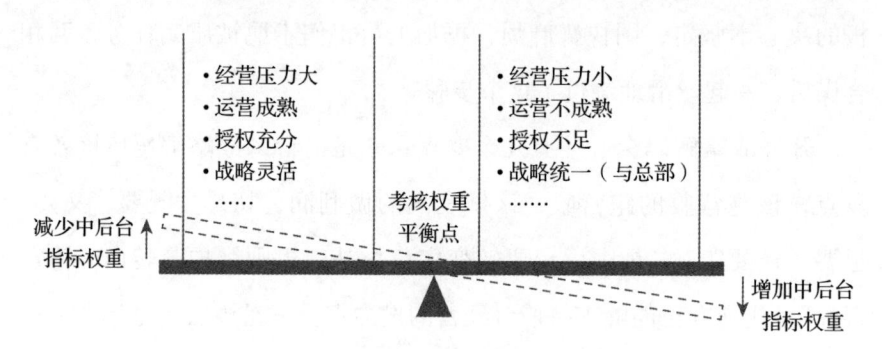

图 12-4 前台与中后台考核权重平衡点的设定

资料来源：穆胜咨询。

第 3 步：调组织

绝大多数企业在完成战略解码工作后，首先想到的是通过强考核来奖勤罚懒。但不得不指出的是，这种幼稚的想法是在"下跳棋"，如果不通过组织设计来校准责权，分解出来的战略任务显然无法被校准、落地到合适的考核主体上。

一个有意思的现象是，穆胜咨询在辅导企业进行战略解码的过程中，基本都会"揪出"组织设计的问题。正如美国经济史学家艾尔弗雷德·D. 钱德勒（Alfred D. Chandler）所言，战略决定组织结构，组织结构制约着战略实施。任何战略的调整，基本都需要在组织设计上进行重新校准，更何况，大多数企业的组织设计都会在战略解码后暴露出先天瑕疵。

对于"钱德勒命题"，几乎没人否认，但却也很少有人理解。原因在于，太多人把组织设计想得过于简单。试想，如果组织设计很简单，而战略又如此复杂，我们如何能够建立它们之间的对应关系呢？于是，大多数企业的现状是，战略来回调整，组织岿然不动，直到感觉组织设计阻碍了业务效率，才会启动一轮所谓的"组织变革"。

但组织设计显然不简单，它是在不同维度上对企业进行分工（责）和分权（权），涉及将商业模式翻译为业务流程，将业务流程翻译为组织结构，将组织结构翻译为岗位设置。任何战略上的调整，都应该敏感地映射到组织设计上，反之，如果这种映射没有发生，战略就很难落地。

当组织没有与战略对齐时，大量的浪费自然就产生了。业务部门还会执着于无效营收，中后台部门还是产生大量费用，闲置资产大量堆积，劣质业务也不可能产生好的现金流。于是，财报依然不能变得"干净"，企业的极限生存只会停留在口号的层面。

当然，我充分理解为什么企业不愿意在战略解码之后调整组织。

老板们通常认为，战略调整是频繁的，而组织应该具有一定柔性，部门、团队和个人都应该在理解战略后"自己找位置"。但遗憾的是，这种想法可能太高估人性了。组织设计是界定责权，是划分企业内的地盘，其本来就具有极强的路径依赖性，如果没有顶层介入，就很难改变。即使有那种理解战略且愿意革新的聪明人敢于"自己找位置"，他们也会被强大的群体压力打回原来的位置。

走到这一步，企业老板对于组织的认知，在很大程度上决定了解码能否到位、战略能否落地。

举例来说，某企业在经过了商业模式和产品验证后，进入扩张阶段，品类扩张和区域扩张是他们战略解码之后的两项重要任务。但在战略解码后，该企业对于组织设计并未进行调整。

原来是标准化业务模式，该企业建立了强大的中后台职能部门，扁平化指数[⊖]在0.5以下。而现在，他们要在标准化的基础上，根据细分客群来调整产品，必然需要给予前台业务单元更多的授权。该企业显然意识到了这一点，将前台业务单元的组织机构设置得极度精简，扁平化指数高达20以上。问题是，前台可以做到自身组织结构精简、决策高效，但他们的权力更多是来自中后台，而中后台分工细碎、层级众多，权力很难被授予下去。

说到底，这种情况下要真正落地战略，企业必须精简中后台职能部门，但对这些"身边人"，老板又怎么可能下得了决心？

[⊖] 穆胜咨询原创的指标，由企业的管理幅宽和管理层级决定，管理幅宽越大、层级越少，扁平化指数越高。一般来说，扁平化指数<1时，代表存在组织冗余。下一章会详细介绍这个指标。

其实，上面这些都是对组织设计的高级要求，但大多数企业还在犯组织设计的低级错误，它们设计的组织天然就是一个"衰减器"。这些企业随心所欲地设计分工，业务流程不畅、部门定位不清、职责不明、授权不顺，自然，部门墙、隔热层、流程桶、KPI真空罩等大企业病层出不穷，企业效率低下，根本不敢奢望落地战略。

考虑第六章关于"企业在人力资源上的浪费在20%～55%"的提示，纠正上述错误，清理组织冗余，再对齐战略解码，就成为必然选择。无论老板对于人性有多么不切实际的预期，在充满不确定性的时代里对组织进行"科学瘦身"都是相当划算的。每清理一点冗余，每提升一点效能，企业都会增加自己极限生存的筹码。

这一步的行动从开好"组织调频会"开始，这种会议的目的是将组织设计与战略解码对齐，确保企业的分工体系能够最大程度支撑战略落地。 有人也许会质疑——调整组织由老板指定、人力资源部出方案不就行了，为何要召集会议来调频呢？反正都是老板定的，这种会议不是多此一举吗？

这种想法是幼稚的，组织调频会的目的，一是在于对原则形成共识，形成框架；二是在于在框架内收集信息，寻找分歧点，并现场商议解决。有了框架和丰富的信息，解决了关键分歧，后续的组织设计才能无争议、好落地。

会议之后就是方案的制订，这个方面依然有无数的技术要点要遵循。

组织设计是一门严谨科学，所以，将企业的战略定位和战略解码翻译为对组织设计的要求，这种要求不能仅仅是定性的，还应该是定量的。具体来说，应该基于战略，盘点业务流程、组织结构、岗位设计上的调整范围，并在扁平化指数、战斗人员占比、职能授权度、职能负载率等指标上给出范畴。

当然，上述指标之间也有钩稽关系，稍不注意就会形成左右互搏。例如，某企业职能负载率相对较高，但同时设置了较低的职能授权度，这意味着前台部门必须等待职能部门的指挥，但职能部门却陷在自己的工作中自顾不暇。正因如此，我很难理解大多数企业在组织设计上的随意。其实，当我们用量化逻辑来看组织，会发现这是一道"地狱级难度的数学题"。

除了技术层面的处理，老板还必须下一个组织调整的决心，甚至要将组织调整作为一个按财年进行的常规事项，借以帮助员工建立心理预期。其实，组织调整相当于敲打铁锈、锻造结构，越常做越好做，越少做越难做。这句话，可能只有经历过切肤之痛的人才会明白。

第 4 步：锁预算

当企业定位了战略，并将各项战略级任务解码到校准后的组织里后，接着，就应该为承接战略级任务的被考核主体（部门、团队、个人）配置资源。显然，想要极限生存，此时资源的配置必须足够精准，既要节约，也要够用。但大多数企业的预算模式太过传统，显然无法达到这一要求。

一方面，它们更喜欢找平衡，维护过去的组织架构和分配格局。

前面的内容谈到过，当前企业大多采用的是"增量预算法"。首先，老板会根据"期望的目标"和"企业的家底"，提出一个大概的方向。而后，财务部门根据上一年度财务报表反映的实际情况，结合本年度的收支预估，对老板的想法进行反馈，匡算一个大概的"预算增量包/减量包"。最后，将"预算增量包/减量包"按照上一年度的分配格局，在经过一些简单的讨价还价后，分解到不同部门。

与此对应的模式是"零基预算法"，即在编制预算时，对于所有的支出均不考虑以往情况，而是均以零为基底，从根本上研究分析其必要性。从道理上讲，这种预算模式显然更加科学，但显然也会破坏预算分配的现状，让财务和人力部门（负责分配财务预算和人力预算）成为众矢之的，所以企业只能回到增量预算法。这里，主打的就是一个人情世故，而非效能了。但这种分配显然不是战略，如果把资源像撒胡椒面一样"照旧"撒下去，哪里谈得上什么战略思路？哪里可能体现战略调整？

另一方面，更大的问题在于，这种预算根本是不可控的。

一般来说，一个部门的预算投入会对应一个业绩目标，但由于是半年、年末才会进行考核，当发现业绩不能达标时，预算已经花出去了。这种"时间差"让人有机可乘，于是出现了大量部门负责人讲故事、承诺"大目标"，骗取"大预算"的现象。当然，有时这些故事也是被逼出来的，大量的老板也喜欢拍脑袋定下一个不可能完成的业绩目标，再豪放地给人给钱。

有人会问了，老是骗取预算资源，最后不能完成业绩目标，这种方式不会损伤部门负责人自己的信誉、耽误自己在企业内的发展吗？但事实是，在既定目标下，更大的预算显然能够提供更大的保障；另外，更大的预算也是部门负责人的势力范围，他们必然是"寸土必争"。

有人也会问，在严苛的商业环境里，大家知道企业困难，难道还会这样无休止地索要预算资源吗？这就是不懂人性了，正因为资源有限，争夺才会更加激烈。很少有人会站在集体利益的高度来思考问题，大家更关心的永远是自己的指标能否完成，这就是一个经济学上的"公地悲剧"。

实在完不成业绩目标时，他们也可以找到各种理由，如其他部门不配合、外部市场环境差等。而对于这些理由，企业很难证实或证伪。最后，老板也被"反向PUA（操控）"了，反而会认可他们的理由，认为换一个人也不一定能解决这个问题，于是对绩效考核进行"模糊化"。这种妥协的结果是，明年同类情况还会再次循环上演，企业最后无限内伤。

进一步看，即使部门负责人拿着"大预算"，打下了"大目标"，他们就真的是英雄吗？恰恰相反，他们可能是"伪英雄"。完全由资源"催肥"出来的业绩，很可能是昙花一现。

举例来说，互联网企业在发展早期看重用户数，但用买量逻辑形成的用户很可能是休眠用户，这种KPI的数字，你给资源就一定有，资源一收紧，数字立马就塌陷了。这种"催肥"业绩的方式，显然也不是在落地战略。

推崇这种英雄，放任这种风气的结果，就是形成了若干的无效营收，让企业进入了"收入成本化，成本费用化"的浪费机制中。难怪在当前的经济环境里，企业即使发起再多的降本增效运动，还是收效甚微。老板越急，越要抓业绩，越容易把故事听进去，越会盲目投入预算，必然加剧企业的浪费，这才是病灶。

这一步的行动从开好"全面预算会"开始，这种会议的目的是在战略和组织对齐的基础上，通过资源的合理投放，让企业最大限度地获得效能优势。 只有走到这一步，极限生存战略的理念才能在企业内形成闭环。

要开好这种会议，必须坚持三个基本点：

其一，企业应该坚决使用零基预算法，建立资源配置和战略级任务之间的强关系。 有了第九章的"穆胜业务分类哑铃矩阵"，企业可以在各类业务之间形成关于资源投入的理性原则，大量屏蔽过去那些因为感性造成的浪费。在这些原则之下，具体到每类业务里，企业在分配预算时也不能按目标或故事，而应该严格参考具体的业务思路。业务思路如果不能说服人，那么，它就是一个故事。说实话，真到了计较业务思路的程度，企业就开始算细账了，很多预算的浪费也就不会发生了。但可笑的是，大量企业即使把降本增效的口号喊得震天响，也不愿意去推敲一下业务思路。

其二，以人控财，先有人力预算，再有财务预算，两类预算紧密咬合。 在成熟的业务思路里，人、财两类资源都有合理安排，但人力资源一定是核心。之所以要强调人力资源是核心，是因为它决定了业务策略能否落地，也决定了财务资源的使用是否合理。不同的业务，需要不同量级的人力资源，尤其是核心人才，这些人力资源又能驾驭不同量级的财务资源。大将守小城，小将守大城，都是悲剧。如果出现这种错配，财务资源不仅不能转化为业绩结果，还会无限浪费，好似进入了无底洞。

其三，企业应该实施动态预算管控，即实施"效能包干法"，也就是说，不是划拨"预算包"，而是下放人效和财效两个"政策包"。在效能管理的政策下，被考核者必须完成业绩目标，才能获得相应的人、财两类资源配置，在此之前，都相当于在进行负债经营。当然，超出效能标准而使人、财两类资源有结余的话，被考核者有一定比例的分享权；未能达到效能标准而使人、财两类资源超支的话，被考核者需要接受一定的惩罚。

上述思路几乎能够得到所有老板的认同，HR 等执行者似乎也一听就懂，但当他们摩拳擦掌后，却很难有所作为。现实是，传统的人力资源部门很难驾驭效能指标选择、目标基线划定、横向难度平衡、过程动态调整等高阶技术，因此必须进行功能升级，坚定不移地操盘这种"难而正确的事"。

公平，公平，还是公平

上述四步法中每个步骤形成的结论，都可以帮助企业甄别出浪费（见附件 A 清理企业内的六种浪费）。没有这些步骤，一般的降本增效运动很难触及企业浪费的本质，甚至还有可能添乱，出现诸如"裁员裁到大动脉"的黑色幽默。说到底，这些运动唯二的作用无非传递寒气和缓解老板的焦虑罢了。

显然，四步法中的每一步带来的降本增效，都是在刮骨疗伤，必然会遭遇到巨大的压力，只有异常坚定的老板才能坚持走下来。一些在犹豫之中的老板怀疑，这些行动会不会如它们的反对者所言，冲击组织氛围、激化劳资矛盾？他们进一步想了解，如果存在这些问题，如何让负面影响降到最低呢？

首先，企业应该树立一个关于降本增效的共识原点。这个原点就是，经济下行压力加大意味着大多数企业的蛋糕变小了，面临的竞争更加激烈了，如果要极限生存，必须有足够的效能优势，降本增效就势在必行。我相信，只要是稍微理性的员工，都会有这种共识。至于那些根本不认可这个原点、一味要求保障的员工，企业根本不用多费口舌，这类人大概率是缺乏能力和意愿的，应该首先淘汰。他们如此恐惧降本增效，是因为他们清楚，一旦按下这个按钮，他们就会首先受到冲击。

其次，企业应该建立几条关于降本增效的原则。简单理解，就是哪种组织建制应该压缩、哪种组织建制应该保留的原则。在具体的形式上，企业可以抛出一个草案，但应该集思广益，在广泛听取企业内的各种意见后，再对原则达成共识。例如，第九章谈到的将业务分为八类，分别制定投资策略，就是这类原则。

关键点在于，一是只谈原则，不谈具体调整；二是集思广益，讨论出共识。

为什么要先讨论原则，而不是讨论具体的哪个部门、团队或岗位的调整呢？因为这个阶段的目的是统一沟通的坐标，没有统一的坐标，谈好的共识也是假象。其实，即使企业想到了要先谈原则，如果没有把原则梳理得足够清楚，再落到具体调整事项上时，也会有人钻空子、谈委屈。所以，在成熟的组织调整方案里，操盘者应该有丰富的经验，找到每个漏洞，堵死每个后门。

那为什么一定要集思广益？有老板不理解，认为"他们那些人的小心思，我还不清楚，不用讨论，直接实施"！但这种想法是幼稚的。所谓"防民之口，甚于防川"，堵是堵不住的，还会给人留下老板独断专行的话柄，影响管理权威。

还有的老板害怕方案受到非议，不做公开讨论，而是找到重点的干部单独沟通，这也是错误的。单独沟通事儿，人家是最没有顾虑的，一定会用各种方式包裹私心、疯狂输出，而在沟通完之后，还会私下串联、互通有无、议论政策。此时，所有的矛头就会指向老板，一群干部会在吐槽老板中达成攻守同盟，他们的目标就是"不做组织调整"。

在组织调整中，每个人都有私心，要满足所有人的私心自然是不可能的。但解决私心最好的方式，不是不让人家表达私心，而是让大家把私心都晒出来。此时，他们所有的人都是监督者。最后，所有私心的公约数就是共识，老板只需要作壁上观即可。

再次，企业应该基于组织调整进行专项激励。在没有看到组织精炼带来的好处之前，或者说组织精炼带来的好处并不会落到哪个部门时，所有人的心态都是多一事不如少一事，都是不希望进行这类调整的。因此，我们有必要让积极支持组织调整的人分享速赢成果。在"锁预算"的环节，我们已经初步了解了这种模式。这里详细说明一下，企业可以用人效和财效作为标准，设定一个基线（baseline），一旦部门通过组织精炼推高了两种效能，实现了人力或财务资源的结余，它们就可以在结余中获得部分的分享。更进一步的做法是，对于积极且获得了成果的部门，给予企业内的荣誉认可，甚至是负责人晋升肯定，尽最大可能放大它们的模范带头作用，强化奋斗者文化。

如果既有企业的强制要求，又有相应的利益诱导，有组织精炼潜力的那部分负责人，完全有可能配合并成为积极的支持者。其实，反对组织精炼的旧势力，并不是坚固的攻守同盟，而更像是寄生在企业里的"匪帮"组织。这类组织一定是不坚固的，企业只需要给出政策的压力和利益的诱导，就可以让它们走上正途。

最后，企业应该给出各部门的"政策框架"和"灰度空间"。 前面已经说过，组织精炼最忌讳的就是让部门负责人自己决定如何精简，因为手握这种权力，他们必然谋私。

现实中，我们经常看到干部们提出类似的自治要求，其实，这就是干部不成熟的表现。过度的自治权，既会让自己和总部越来越失去联系，产生管控风险，也会给自己极大的管理压力，反而是害了自己。

有些部门，做着做着就变成了"藩国"，部门负责人就成了"藩王"，他们还振振有词——"只要我完成了业绩目标或上交了利润，集团就不应该多管我们。"说来搞笑，他们要"藩王"的权力和利益，但在业绩目标完不成的时候，他们又承担了什么"藩王"应该承担的责任呢？敢情是双标呀！他们还真认为自己产出的业绩或利润完全是靠自己的本事了。

不仅如此，这些部门负责人之所以能操盘部门，更多还是企业给予的"法定"权力，并不是他们自己在市场打拼的结果。在经营管理上，他们不见得都经过了市场的锤炼，如果强行要求部门"藩国化"，他们的管理能力不见得能驾驭。久而久之，部门变成了梁山式"匪帮"

组织，内部就会出现各种关于公平性的质疑，鸡飞狗跳之后，又是总部来收拾残局。

面对组织精炼这种敏感的动作，成熟的部门负责人一定是希望获得"政策框架"的指导，同时又保留一部分"灰度空间"，这就是企业应该在组织精炼方案中重点考虑的。**现实中，基于降本增效的原则，对各类部门进行分类，设定好人财两类效能标准，再给出组织精炼的指导意见，并给出部门落地实施的排期节奏后，部门就可以在这种框架里实施本地化的组织精炼。**

"政策框架"让他们在进行裁撤时，能把压力转嫁给总部，一句"总部要求的，我也没办法"，就能很大程度地压住反对的声音。"灰度空间"让他们在一定程度上保留了自己的决策灵活性，能根据部门具体的情况实施政策，传递自己的温度。这样一来，自己始终都是好人，也就维护了自己的权威。

EXTREME SURVIVAL STRATEGY

第十三章

穿透组织设计的浪费

在极限生存四步法中,"调组织"显然是变革的焦点。当企业准备为了降本增效而发起组织精炼类的行动时,它们必须用极度量化的方式来锁定组织设计上的浪费。

当下,中国企业绝大多数都有组织设计上的浪费,很多老板心里明白,只是找不到浪费的具体位置而已。于是,在外部严苛环境的压力之下,它们开始强行精简机构、压缩编制、裁撤人员、降低薪酬……粗暴操作的结果是,短时间内效能看似明显提升,但业务系统的稳定性却被破坏,还导致了一系列的周边问题(如关键人才流失、组织氛围被破坏等),之后的效能跌落几乎是可以预料的。

这种悲剧的发生,一是因为老板、高管和执行裁员的 HR 并不(如他们自己想象的那样)理解企业的业务运行系统;二是因为这群人并不一定理解组织设计的"科学",这个领域长期被认为是可以用"手感"来驾驭的。

前一个问题不具体到某个企业很难讨论清楚,但对于后一个问题,则有通用的标准。试想,如果我们精通组织设计的"科学",能够精准定位出组织冗余,是否就能够很大程度地精炼组织?是否就能够达到去肥增瘦、降本增效的效果?

穆胜组织精炼检验罗盘

问题是,用什么指标来测试组织的"浪费"呢?要知道,组织设计这个领域是长期没有量化标准的，传统教科书中大多仅仅呈现了一些操作方向。我给出的答案是——**穆胜组织精炼检验罗盘**，这是我个人在过去十多年的研究沉淀，应该可以填补这个领域的一些空白。

设计这个模型的基本理念是：我们不去关注具体的组织结构，因为每个企业之所以设置这样或那样的结构，一定是有着某种业务层面的考虑，具体到这些事件里，是很难说清楚对错的。但我们完全可以找到组织结构设计的一些原理，一旦违背了这些原理，组织运转必然会出现问题。

这就好比一个足球运动员的身材可能有高矮胖瘦，每种体型可能各有优势，适合不同的位置（前锋、中场、后卫、守门员），但好的身体状态一定应该符合某些标准，在某些指标上一定不能超过阈值。正因如此，在足球俱乐部里，才会出现那种严格的身材管理规定，球员一旦不能达标，就会被重罚。

同理，在企业经营这项运动里，可能有不同类型的企业，但它们的组织状态也应该符合某些标准，确保在指标上不超过阈值。或者说，一旦某些指标因为超过阈值而"报警"，就意味着组织在某些地方出现了冗余，组织的某些功能一定会受到削弱。

洞察组织设计的角度很多，我从宏观到微观选择了六个：整体架构角度、三台配比角度、内部价值链角度、流程效率角度、职能运转角度、技术进步角度（见图 13-1）。我相信，如果从这六个角度进行洞察，或多或少都能找出一个组织的"结构性问题"。在找到此类问题后，一定要进行对应的"精炼"。

```
┌─整体架构角度        ┌─三台配比角度
 └─扁平化指数          └─战斗人员占比

┌─内部价值链角度      ┌─流程效率角度
 └─组织体脂率          └─流程效率值
           穆胜
         组织精炼
         检验罗盘
┌─职能运转角度        ┌─技术进步角度
 └─职能负载率          └─AI替代率
```

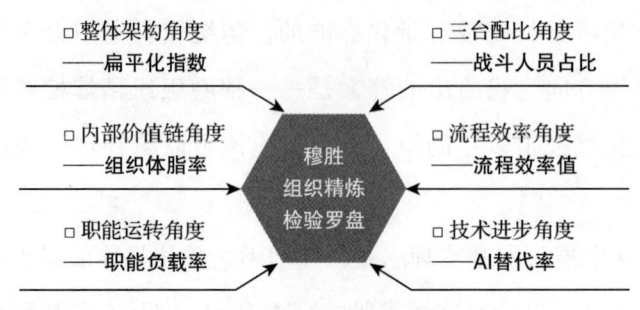

图 13-1　穆胜组织精炼检验罗盘

资料来源：穆胜咨询。

为什么解决组织设计的问题，一定是从减少编制出发的"精炼"呢？道理很简单，当下组织如果能够正常运转，就证明（以这个业务水平作为标准）人员是足够的。所谓的"结构性问题"，都可以归结为某些地方人员过多，负荷不足，或是业绩输出不力，或是工作方向偏差。因此，第一步一定是做"组织精炼"，至于如何对盘点出来的编制富余进行配置，则是后一步的事情。

为什么要取名"组织精炼"呢？这是相对于"组织压缩"而提出的概念。所谓"组织压缩"，可以想象为用一个冲压机强行压缩物体的体积。所谓"组织精炼"，是通过各种手段，消除组织的冗余，留下"真金"。两者看似都在减员，但在操作逻辑上却天差地别：前者是一刀切式的粗暴裁员，非常容易破坏业务结构，切到大动脉；而后者则是从业务逻辑出发的定向除冗，必然让业务的运作更加健康。

从下面的指标阐述中也可以发现，"人多"并不仅仅是浪费了人工成本，其对于企业效率的损害往往超过我们的想象。

指标1：扁平化指数

扁平化指数[1]这个原创指标自我提出以来，已经被HR广泛接受，很多企业甚至已经在深度应用了。这个指标的具体公式是：

$$扁平化指数 = \frac{全司平均管理幅宽}{管理层级关系}$$

其中，全司平均管理幅宽是每个层级管理幅宽的几何平均数；而管理层级关系则等于"管理层级数-1"，举例来说，公司有7个管理层级，实际上就有6个纵向管理关系。分子是管理关系，分母也是管理关系，这样的指标设置才合理。显然，企业的管理幅宽越宽越扁平，层级数越多越不扁平。

扁平化的意义有两个：一是形成更加敏捷的组织结构，信息上传和下达都更有效率；二是通过节约管理层的建制，降低人工成本。至少，在资本市场上，一个企业开始扁平化的改造，一般都会被视为利多消息。

在这个指标上，穆胜咨询通过泛行业研究推断的基线是1，也就是说，当一个企业的扁平化指数小于1时，它就明显存在组织冗余。

根据穆胜咨询的《2023中国企业人力资源效能研究报告》，部分中国企业在这个指标上的确有一定的进步，但仍有相当一部分企业固守着金字塔组织形态。2023年，扁平化指数小于1的企业占比高达34.1%，显然，这类企业虚设了太多没有实际意义的管理岗位。

名义上，它们是为了分工细化，以便专业化运作某些岗位，或者

---

[1] 我在2015年提出的原创指标，首次发布是在"数据驱动人力资源效能提升"的原创公开课上。

是为了考虑员工的职业成长，需要给出更多的管理阶梯。但实际上，这导致了组织的极度"虚胖"。纵向上，存在诸多无意义的中间层；横向上，管理幅宽过小。形象点说，这类企业里每个"管理者"都像是配了几个助理，其结果就是企业极度官僚化。你不叫"哥""姐"，直呼其名，甚至只叫花名，也改变不了官僚的本质。

我们发现，这类企业有很多共同的特征。

例如，大家都乐于标榜自己是几号位，或者去为管理者定位他是几号位。按理说，企业的管理岗位各有分工，董事长和总经理只是工作内容不同，怎么能分出谁是几号位呢？有人振振有词，我们这样排位，是为了"方便管理"，但说白了，权力自动排序，本身就说明了企业的官僚化。

再如，管理者喜欢称呼自己的部属为"小朋友"，表面上显得自己很亲切，实际上却深刻地传递了部属与自己之间的权力差距。在部属的感知里，这是"说教味十足"的。

又如，有人喜欢暗示自己"上面有人"。大家喜欢说："这事就算说到老×那里去，也是我有道理。"什么意思？无非就是说，我可以称呼公司"一号位"为"老×"，证明我和他关系匪浅，道理总在我这一边嘛。

这种组织"虚胖"的状态在企业业绩高歌猛进时，看似没有太大毛病。每个管理者都带着几个助理忙到飞起，无数的PPT、复盘、对齐、拉平……感觉大家也都在做事。说穿了，当人足够多，开个年会也更有气势，老板再上台"与民同乐"地唱首歌，年会的氛围绝对到位，员工归属感十足。

问题是，当企业业绩增长受阻，再面临外部的经济下行压力加大，这种"虚胖"首先就会被企业以"降本增效""去肥增瘦""组织变革"的名义快速矫正。在某种程度上讲，决策层并不是看不到这种"虚胖"，以前只是放任了而已。

听闻某个大厂在 2023 年大量削减了某个中间层，让这个中间层的上下级直接对接，效率反而更高了。更有意思的是，这些中间层大量涌向社会后很快被疯抢，但大量企业在使用后却给出了负面反馈。有这家大厂的人解释："能满意吗？原来理念是上级给的，他们当二传手；PPT 是下级做的，他们当甩手掌柜。早就养得不会思考、不会做事了。"

2024 年，另一个同级别大厂也被传出要削减一批中层领导，这些领导被认为"不干活"，被戏称为"周报整合器"。

指标 2：战斗人员占比

战斗人员占比[一]这个指标简单直接、一目了然，但却让很多老板下不来台，因为它暴露的问题让人无法回避，但一时间却又无可奈何。这个指标的具体公式是：

$$战斗人员占比 = \frac{战斗人员数量}{企业总人数}$$

其中，战斗人员是直接与客户接触，并且薪酬的 50% 以上由客

[一] 我于 2021 年在相关公开课和内训课上提出的原创指标，首次正式发布是在 2022 年由机械工业出版社出版的专著《人效管理》中。

户买单决定的人员。说通俗点，这个指标就是衡量有多少人是在一线"打粮食"的。

我们相信，这个指标越高，企业的组织设计越有战斗属性，人力投入转化为业绩的可能越大。注意，这里不是说让所有人都去打市场，而是要让尽量多的人和客户发生联系，让客户的买单能影响他们的利益。

在这个指标上，穆胜咨询通过泛行业研究推断的基线是30%，也就是说，当一个企业的战斗人员占比小于30%时，就意味着有过多的人员成了与打粮食没有直接关系的"后勤"。

穆胜咨询的《2023中国企业人力资源效能研究报告》显示，很多企业在这个指标上表现堪忧，样本企业平均窄口径战斗人员占比为21.9%，其中，有50%的企业的战斗人员占比在20%以下。显然，大量人员躲在中后台，不接触客户，接触客户的人的薪酬也不与客户的买单相联系。

这种现象是如何发生的呢？我们可以想象一个初创企业在发展中的三台（前中后台）迁徙过程，这有点像地球的板块运动。

最初，他们的确全员皆兵，前台人员占大多数，并且按单提成。但这个企业一旦业务稳定，必然需要建立强大的中后台职能体系，这样才能确保业务规范，资源合理配置。但是，这种中后台建设的过程非常容易出现失控。随着企业的规模扩大，会有越来越多的人喜欢往中后台躲，而中后台产出也越来越和客户买单失去联系，其结果就是企业变得越来越官僚。事实上，所有企业都会经历这样的过程。

我们也发现，战斗人员占比较低的企业有很多共同特征。

比如，听领导的不听市场的。因为他们的绩效不由市场决定，而由领导决定，讨好领导自然成了第一诉求。而领导有什么诉求？他也需要讨好他的上级领导。于是，层层递推，企业就唯"一号位"独尊。这自然满足了很多"一号位"的诉求，但也会让企业效率持续下降。因为"一号位"距离市场太远，他们很难有效率地指挥下属去灵活面对市场。

再如，上班"划水"，打卡拿钱。正因为你没法判断我真正创造的市场价值（有没有"打粮食"），所以按照工时结算就是最公平的。既然如此，我为何要去面对市场、去创新创造呢？表面上看，这种方式对于员工是有利的，但实际上，这种方式对于那些真正有能力的员工是不利的。他们满腹才华，只能被迫躺平，因为他们做了有价值的事也不会被认可，反而会被拍马屁的人比下去。

又如，员工们会陷入横向攀比，事情越做越少。既然没有公允的绩效标准来证明谁打了粮食，那么，减少投入就是最划算的事。今天你不做这个事，明天我也不会做，于是，很多事情最后是谁也不肯碰。

这种"攀比"夸张到什么地步？在一些企业里，连办公区清洁值日都坚持不下去，因为总有人不去做，其他人也会有样学样。这些场景，我相信很多人都经历过。

夸张吗？不夸张，人性就是这样。创业公司倒好，公司小，都在老板眼皮底下，直接让某些人走就是了。但问题是，如果是那种大型企业，老板没法监控每一个细节，这就麻烦了。

指标3：组织体脂率

相对罗盘里的前两个指标，组织体脂率[1]提出的时间稍晚，但却备受老板群体的认可，原因无他，他们太希望有一个指标能衡量出自己在人工成本上的浪费了。这个指标的具体公式是：

$$组织体脂率 = \frac{周边组织建制}{周边组织建制 + 价值链建制}$$

简言之，这个指标用于衡量企业内部价值链之外的"周边组织建制"占比，形象点儿说，就是用来衡量组织的"虚胖"程度。

首先解释一下什么是"**企业内部价值链**"。企业内的资源经过研发、采购、生产、物流、服务、销售一个个环节的转化，最后变成了产品、服务、解决方案，交付到客户手中，这就是一个价值链条。其中，每个环节（部门）都通过自己的专业运作，产生了价值增值，企业创造的价值增量就是所有部门价值增值的加总。

有了这个概念，我们就容易区分两类组织建制。

一类是"内部价值链上的组织建制"，简称"价值链建制"。这类机构或岗位负责将资源转化为产品、服务、解决方案，它们更像是"供应商"而非"行政机构"。

另一类则是"内部价值链之外的组织建制"，简称"周边组织建制"。

第一部分是**行政机构**，即那些以维护价值链效率为目的而设立的组织建制，通常它们的工作是制定和维护规则。

---

[1] 我在2024年穆胜咨询举办的"中国企业平台型组织建设论坛"上提出的指标。

第二部分是**无效供应商**，即没有发挥作用而被企业价值链淘汰的组织建制，如字节跳动的人才发展中心、MANNER 咖啡的 HRBP（人力资源业务合作伙伴）。我倒不觉得这些企业应该裁撤这类机构，但在企业的眼中，做出这个决定一定是因为这些机构没有发挥预想的内部供应商的价值。

显然，上述建制的计量单位应该是"人"。企业在计量这个指标时，需要对每个部门内的功能模块进行分类，对于某些功能模块，其内部的不同岗位也需要进行分类。我们的实践反馈，按照从大到小的分类逻辑，这个指标并不难计算。

有人看到这个指标会说，"周边组织建制"的存在就很有问题，应该把这部分全部削减！但这个想法是幼稚的。

首先，无规矩不成方圆，作为"组织周边建制"的行政机构一定有必要存在。当然，行政机构也不能占比过大，直观来看，我们不可能为了监督一个人而投入另一个人，这样的企业整体效率一定极其低下。

其次，发现了无效供应商是不是就应该裁撤？这个也有待商榷。我举过一个例子，一个足球运动员左脚厉害，右脚较弱，是不是应该把右脚砍掉？显然不是。右脚有必要存在，但应该锻炼升级，你把它砍掉是什么奇怪操作？

所以，周边组织建制相当于身体的脂肪，一定有必要存在。正如没有人能把体脂率降到 0，也没有企业能把组织体脂率降到 0，那样一定不是健康状态。

穆胜咨询对能取到数据的 10 家样本企业计算了这个指标，发现数据结果很不乐观（见图 13-2）。我们也基于这个小样本研究，推算了这个指标的基线⊖。

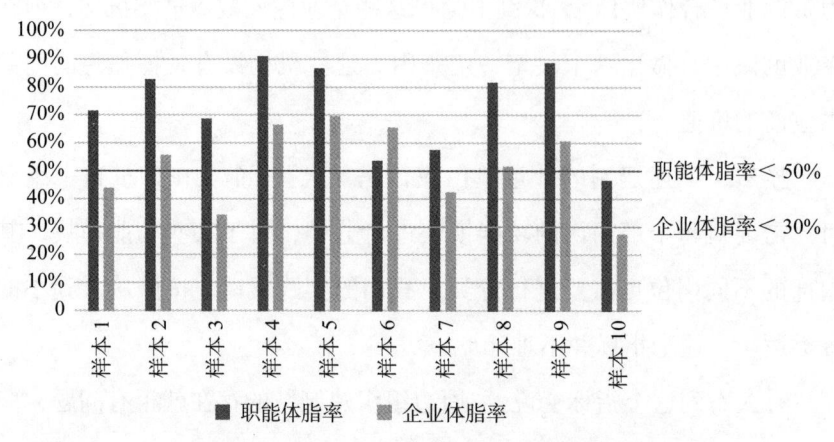

图 13-2 样本企业的企业体脂率与职能体脂率

资料来源：穆胜咨询。

其一，中后台职能部门的"职能体脂率"应该在 50% 以下，换言之，这些部门要有一半以上的人在内部价值链里。但结果显示，这些样本企业的中后台官僚化严重，职能体脂率达到基线的只有一家。

其二，企业整体的"企业体脂率"应该在 30% 以下，换言之，10 个人中要有 7 个人在创造价值。但结果显示，这些样本企业普遍养了大量的闲人，同样只有一家企业达到基线。

这个指标可能具有前所未有的穿透力。一个企业可能相对扁平（扁平化指数高），可能有相当的人员被顶到了客户面前（战斗人员占比高），但在这个组织结构里，可能依然存在大量的"周边组织建制"，

⊖ 穆胜咨询在后续的研究中加入了更多的样本，但我们发现，我们最初推算的基线依然是相对可靠的。

这些人看似在企业的协作链条里，但却并不创造客户体验，也不创造经营价值，他们只是在做一些自己认为有意义的事。这个指标可能会撕开他们的遮羞布。

三个关键指标

上述三个指标，其实已经在很大程度上呈现了企业的组织冗余，但如果老板真的愿意做次全面体检，他们能看到的（冗余）还有很多。

一是流程效率值。

很多企业埋怨自己的流程冗长，但又无法精简，似乎每个流程节点都是必要的。我们不评价微观的流程节点是否必要，仅仅对流程效率进行评价。通过对若干样本企业进行研究，我们采集了十余个通用的具有代表性的"航标流程"，形成了若干的基线。用某个企业的实际流程效率，对比这些基线，我们很容易判断该企业流程效率的高低。

按照这种思路，我们既可以判断整体的流程效率，也可以判断具体某个流程的效率；既可以判断某个流程的"整体效率值"，也可以判断这个流程里的"节点效率值"……在一番分析之后会发现，流程效率之所以低下，并不是因为某些节点没有人，而是因为无意义的节点太多，或者某些节点做着无意义的事，它们才是真正的冗余。

二是职能负载率。

很多职能部门都说自己负载过重，那么真实情况的确如此吗？当然不能使用劳动定额法来核实工作量，更不能使用文本法来检查文本输出。[1]我们使用了一种特殊的计量手法来将他们的工作分类分级并量化负载，其中也去除了无效工作，而后，再将这些核算出来的工作量与职能部门的"人天时"进行叠加计算。通过若干样本的研究，我们推演了这个指标的基线，但遗憾的是，以这个基线作为标准，大量企业的表现的确有点不尽如人意。换言之，真正产生了足够价值的职能部门属于凤毛麟角，他们的"忙"并不是企业需要的"忙"。

三是 AI 替代率。

数字时代，数字化已经渗透到业务和管理的每个领域。在高度标准化的领域，数字资产沉淀丰富，固定算法（模型）已经在很大程度上提升了组织效能。而在 AI 时代，算法可以自动进化，具备了更强大的思考功能，可以处理更加复杂的事务。

当前，DeepSeek、Kimi、豆包、ChatGPT 等 AI 工具已经覆盖了多个传统工作的领域，熟悉这些工具的员工完全可以凭借它们，显著地提升自己的产出。如果这个假设成立，那么，我们一定会发现，企业里有的编制实际上是配多了。

不妨用最传统的方式分析一下员工的工作内容。事实上，只要不是需要实际接触客户或供应商的岗位，大多数都可以由 AI 接管部分工作；即使是实际接触客户或供应商的岗位，他们的相当一部分工作内容也可以由 AI 接管。当我们把这些能够用 AI 替代的工作的占比计算出来，这个数据就是"AI 替代率"。可以发现，AI 替代率越高的企业，冗员就越多，其人效提升的空间也就越大。为了获得这个人效提升的空间，企业应该毫不犹豫地推进数字化建设。

---

[1] 以前曾有不少企业用交了多少份文件，甚至打了多少字，来衡量中后台职能部门的业绩。

数据的"使用门槛"

显然，按照上述指标反馈的结果定期"调组织"，必然带来人效提升的巨大空间。企业一定要相信，这个空间是实实在在存在的。

在大多数企业里，HR作为专业人士，并没有主导组织设计，即使某些企业新增了OD（organization development，组织开发）岗位，HR们依然无法主导组织设计，因为这本来就是很多老板喜欢自己操刀的地盘。非专业的人做专业的事，后果一定是留下种种问题。就我们观察到的样本来看，绝大多数企业都存在组织设计上的低级错误。这些**"认知差"（可称为GAP1）**，就是组织精炼的一个机会。

另外，战略是动态的，业务是发展的，组织设计也需要适时调整。但偏偏组织设计又有惰性，很难灵活匹配战略和业务的需求。这中间的**"时间差"（可称为GAP2）**，就是组织精炼的另一个机会。

其实，类似的洞察组织的视角还有不少，我们完全有能力让这个罗盘的指标变得更加丰富。但指标的丰富并不意味着人效的提升，即使我们用罗盘把人效提升的机会呈现得无比清晰，大量企业也会因为幼稚的数据观而让这些机会从指间溜走。恕我直言，企业需要的真的不是更多的指标和基线，虽然已经有无数的客户坚持这就是他们的真实需求。

某个参加我公开课的学员曾经直言不讳："穆老师，您不要藏着掖着了，直接给我们一张Excel表，里面务必要呈现你们的指标算法和基线！这样一来，我们拿回去就可以用了，多好呀！"

在我的职业生涯里，已经听过无数类似的要求，但他们可能真的想错了。试想，对于穆胜组织精炼检验罗盘里的六个指标，老板真的愿意看到准确结果吗？这么说吧，你愿意随时看到自己的身体健康指标吗？其实并不一定，你愿意看到的是自己身体很健康的指标结果，而非实际情况。老板也是一样的想法，他们希望用指标证明自己的队伍风正、气顺、心齐、劲足，而非看到实际的情况。

正如我的一位经常参与商务应酬的朋友所说："每年公司组织体检，我都有点不想去，知道自己是轻度脂肪肝，有啥用，我又减不下去，听到这个检查结果只能是添堵呀！"

我知道他的行动模式：每次看到脂肪肝的检查结果，就痛定思痛，跑两天步，节两天食，再在网上买个便宜的健身器材（如健腹轮之类的），然后，就没有然后了……

很多企业的行动模式，和我的这位朋友有多少区别？老板看到这些指标，在企业内发发飙，而后开展一些裁员缩编的运动，再买个管理"特效药"，然后，也就没有然后了……

现实是，这些指标是有门槛的，不是"阅读门槛"，而是"使用门槛"。对于大多企业来说，它们看或不看，结果一样。因为，即使它们看见了冗余所在，也没有行动力去清除冗余。它们只有在倒下之前的一小段时间里，才会临时抱佛脚地想到要精炼组织，想要极限生存。

它们倒是把自己逼到"极限"了，至于"生存"嘛……可能性就不大了。

EXTREME SURVIVAL
STRATEGY

第 十 四 章

爆改中后台职能部门

通过穆胜组织精炼检验罗盘，我们可以精确诊断出企业在组织设计上的低级错误，也可以发现企业的组织冗余（多余的机构和人员）所在。

但有意思的是，即使企业矫正了这些错误，清理了冗余，在一段时间之后，这些冗员又会重新冒出来。犹如一棵被精心修剪的大树，过一段时间，又会在不应该的地方，自己长出各种杂乱的枝叶。

企业当然可以设想一种状态，即让"调组织"成为一种例行动作，定期用量化工具进行组织盘点，而后再跟进组织调整。但要知道的是，组织调整的成本不同，依赖于企业本身的组织模式（organization pattern）。在优秀的组织模式上做调整，事半功倍，丝滑自然；而在拙劣的组织模式上做调整，事倍功半，举步维艰。

关键还是要通过组织变革来刷新组织模式。大量的组织冗余可能都只是现象，这种制造冗余的机制才是企业的心腹大患。换言之，如果我们没有改变组织冗余增加的机制，企业依然只能被动防守。哪天老板降本增效的决心稍微放松点，组织冗余就会报复性疯长，直到失去控制，人效、财效会不断下坠，企业自然无法极限生存。

看来，在"止血"之后，企业还需要在组织设计上秉持长期主义，再精进一步。只有如此，才能在充满不确定性的时代里极限生存。

中后台是组织低效的症结

其实，将穆胜组织精炼检验罗盘里的指标的数据放到一起，就很容易找出企业在组织设计上的共同问题，包括前一章提到的大量企业扁平化指数和战斗人员占比较低，以及组织体脂率过高的问题。这些企业建立了过于繁杂但却无法支持一线作战的管理体系。当一个企业的管理体系不对赋能一线担责，那么，官僚化就是它的必然归宿。这样的企业，人效必然失控，各种浪费必然发生。

根据穆胜咨询的《2024中国企业平台型组织建设报告》，近两年（2023～2024年）选择进行组织变革的企业高达79.8%，其中，有48.9%的企业选择精简后台，有33.8%的企业选择精简中台。组织变革的决策是老板下的，如此集中的动作，必然代表了他们的不满。显然，在不少老板的眼中，相当一部分企业的中后台职能部门已经成了影响组织效率的症结。

一切的证据都表明，组织冗余直接发生在前台，但根源还在中后台。 由于中后台更多主张自己的专业价值而非经营价值，而专业价值又很难量化，它们的运作方式必然对效能产生负面影响，具体表现在以下方面。

- **决策缓慢，拖延行动**——官僚化的中后台决策迟缓，只踩刹车，不踩油门，处处强调合规，天天讲恐怖故事。刹车踩得越猛，一方面越证明自己负责，消除了企业的经营风险；另一方面，也足以树立自己的权威，得到来自各方面的尊重。这导致前台带着无数的"镣铐"跳舞，再多的人力配置也无法做事，与其冒险违规，不如躺平。

- **思路模糊，资源错配**——官僚化的中后台很难帮老板梳理清楚战略（当然，更大的问题可能在老板），导致人力、财务预算的投放只能按部就班，一味维护既有利益格局，很难洞察机会、屏蔽风险，产生高效能。

- **花活折腾，累死业务**——官僚式职能部门的存在，必然要整花活，以此来体现自己的管理作为。这些花活与业务部门打仗无关，但都会被编排上深远的意义，不做不行。某次，穆胜咨询为某大型企业推行组织变革项目，需要开会研讨方案，一位事业部高管在抵达现场后对我说："穆老师，我今天能来，真是因为我对您有极大的尊重。您知道我今天要参加多少个会吗？有法务的合规宣贯会，有人力的技能比武，有企业文化宣讲，还有公司年会的会前会……"

- **能人养老，亲信回巢**——中后台职能部门是企业的大脑，是离老板更近的地方，老板一般习惯把信任的人放到这里。在企业的资源和权力分配上，中后台显然也更具优势。久而久之，大部分企业的中后台职能部门就变成了官僚机构，于是，所有的能人都会向往，变成了他们追求的"宇宙尽头"。能人聚集在企业的大脑本来是好事，但官僚化的运作模式却让他们藏起了能力，变成了官僚。当能人官僚化，负面影响更大。

中后台如果按照上述方式运作，前台就算再努力，也很难产生让人满意的绩效。2024年度，穆胜咨询深度调研了15家中大型企业，发现了低效职能部门的十二个特征（见附录B），可谓让人大开眼界。面对这种官僚中后台，没能力的前台会顺势甩锅，而有能力的前台也会躺平。这就是很多企业狠抓前台人效，但却效果甚微的原因。

在我的《人效战略》[一]一书中，我曾经提出过考核中后台职能部门的两个原则。

- 一是中后台职能部门的考核指标应该与前台的财务指标有精确的数学联动关系，而非粗糙的逻辑联动关系。
- 二是中后台职能部门的考核指标应该以"输送资源"为核心定位，而非一味强调"坚守原则（规则）"。

相信大多数企业都会认同这两个原则，但如果要推动中后台往这个方向转型，我们还需要给出具体的路径。近年来，穆胜咨询的确也观察到了一些积极进取的企业在中后台职能部门上推动的转型趋势。

中后台转型的几大趋势

我曾以人力资源部门为例，提出过一个职能部门的新角色矩阵[二]，按照他们行动的维度（影响全局，还是影响局部）和手段（直接干预业务，还是不干预）进行角色分类，如图14-1所示。按照这个矩阵，中

[一] 由机械工业出版社2024年出版。
[二] 详见拙著《人力资源管理新逻辑》（新华出版社，2015年出版）及《激发潜能：平台型组织的人力资源顶层设计》（机械工业出版社，2019年出版）。

后台职能部门作为企业的发动机，应该扮演好四个角色。

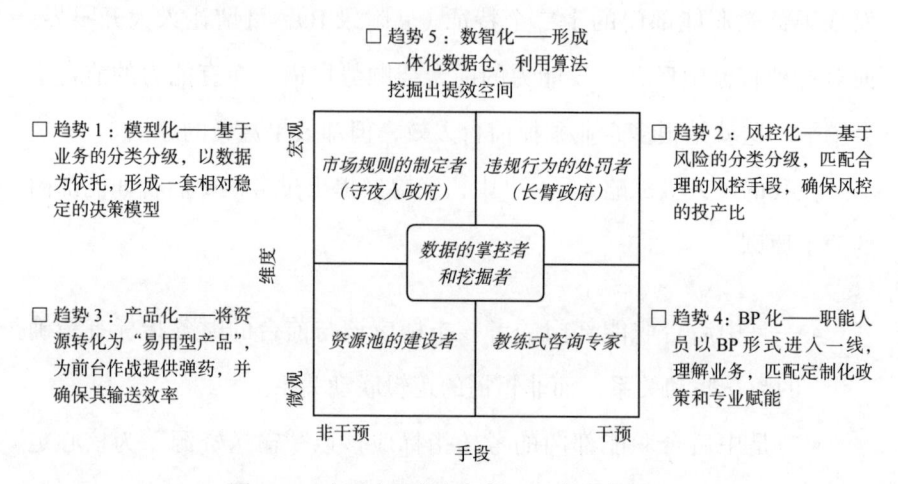

```
                            宏观
                             ↑
  □ 趋势1：模型化——基于      │  市场规则的制定者   违规行为的处罚者    □ 趋势2：风控化——基于
    业务的分类分级，以数据    │   （守夜人政府）     （长臂政府）        风险的分类分级，匹配合
    为依托，形成一套相对稳    维                                        理的风控手段，确保风控
    定的决策模型             度         数据的掌控者                    的投产比
                             │         和挖掘者
  □ 趋势3：产品化——将资    │                                         □ 趋势4：BP化——职能人
    源转化为"易用型产品",    │   资源池的建设者   教练式咨询专家       员以BP形式进入一线，
    为前台作战提供弹药，并    │                                         理解业务，匹配定制化政
    确保其输送效率           微观                                        策和专业赋能
                             │
                             └──────────────────────────────→
                                 非干预        手段         干预
```

趋势5：数智化——形成一体化数据仓，利用算法挖掘出提效空间

图 14-1 中后台职能部门转型的角色与趋势

资料来源：穆胜咨询。

一是市场规则的制定者。市场规则是确保平台自动运作的基础，后台应该成为"规则的制定者"。市场规则主要包括三个方面。

- 人的规则——人力资源效能（HR efficiency）规则，投入多少人力和人工成本，要产出多少效益，如人均毛利、人工成本投产比等。
- 财的规则——财务的效能规则，投入多少资本，要产出多少效益，如 ROI、ROE、ROIC 等。
- 业务规则——什么样的业务成果被视为绩效？针对不同的业务模块，定位经营绩效还是战略绩效？定义什么经营绩效（流水、营收、毛利、净利）？定义什么战略绩效？

由于市场是复杂的，市场规则也必然是复杂的，对于前台项目绩效的计量标准更是复杂的，可能是一个动态的"指标群"。这个指标群应该来自企业独有的一张损益表（甚至会扩展到独有的"三表"）。

二是违规行为的处罚者。市场规则有失灵的时候，平台上不可避免地会出现若干"越界行为"，或者出现虽然符合市场规则但实则有害的"隐性越界行为"，所以，需要宏观调控这只看得见的手，后台应该成为"违规行为的处罚者"。

现实中，不同的企业有不同的风险，后台应该甄别这些"越界行为"，并且让其形成一条条的红线，如现金流风险、税务风险、政策风险、道德风险等。"隐性越界行为"更为隐蔽，识别这些风险才是真正的难点。比如，有企业的销售部门利用行贿行为来做大业绩，导致企业陷入了法律风险当中。再如，有的企业为了做大业绩，只让有经验的人进入项目，这就让新人失去了成长的机会，破坏了企业的人才基础。

三是资源池的建设者。企业的经营就是将各类资源变成产品、服务、解决方案并让客户买单的过程，成功的企业都有自己的"资源洼地"，通过规模化运作集聚了大量质优价廉的资源，甚至形成了超越量级的竞争优势。例如，某些企业进行基础性研发（技术研发），周期长，风险大，投入资源多，这可能是任何一个项目组都无法实现的。如此一来，前台就能够在此基础上进行应用层面的研发（产品研发）。

但自有资源的累积只是一个基础，如果企业要发展壮大，还需要开放资源接口,并抓取或吸引战略级合作者。真正强大的企业,自有资源、开放接口、战略级合作者,三大要素一个都不能少。例如,海尔的海达源就是一个拼单采购的平台,能够汇总集团内部所有的采购需求,再与最优质的上游供应商去谈判达成统一的采购价格、交货标准、付款条件等。

四是教练式咨询专家。 在把自身的资源变成赋能产品后,企业还要考虑让这些产品具备易用性,能够在前台业务单元里快速落地。此时,他们需要跳出原来的机关,革除"十指不沾阳春水"的陋习,进入业务单元,与其协同作战。

职能 BP 在进入业务单元后,以类似咨询专家的身份,从自身专业审视业务,为业务成长带来新观点,同时也能将总部相对刚性的政策转化为本地化政策,实现资源的高效调用。这就在很大程度上解决了前中后台割裂的问题。

五是数据的掌控者和挖掘者。

要实现上述几个角色,最大的基础在于"数智化"。只有这样才能够真正实现资源的随需调用(资源池建设),才能高效运转规则(市场规则设计),才能高效实施调控(违规行为处罚),也才能用数据武装 BP 让他们实现赋能(教练式咨询)。基于统一的数字化平台,企业的业务流、资金流、人才流悉数在线,并通过 AI 的赋能支持上述角色,从不同角度挖掘出效能优化的空间。

五个角色里,最后一个角色要联系数字和 AI 时代的大背景,本身就是一个大话题,在此不做展开。而其余四个角色,每个都对应了一个中后台职能部门转型的新方向。

趋势1：模型化，提升决策效率

不少企业在规模做大后，都同比扩充了中后台职能部门的规模，道理很简单，庞大的前台业务需要管理，资源需要分配，职能部门这颗大脑必须足够强大。

但问题是，庞大的中后台职能部门并没有带来相应的决策能力。要么是用一刀切的政策来管控业务，要么是当二传手把疑难杂症都抛给老板，自己应该发挥的专业能力并没有体现多少。

穆胜咨询的一家客户企业的老板有句很扎心的话："职能部门人是多了，但都当不了参谋，对业务的理解很浅薄。一面对业务部门飞扬跋扈，一面对高管极尽谄媚，最后就剩下他们自以为的'人情世故'了。"

让我们来细细品味一下这句话的意思。

不理解业务，才会有对业务采取简单粗暴的"一刀切"的处理方式，因为这样最不需要动脑筋。凡是涉及与"一刀切"政策明显匹配不上的，就被认为是"特事特办"，而后做出一副自己做不了主的样子，把难题扔回给老板。

要撑起这种行为模式，一方面是要对业务部门摆出严厉的模样，把"一刀切"政策说成是公司统一安排、老板三令五申、上级政策红线等；另一方面是要对老板摆出为难的模样，说明自己已经竭力申明了公司的主张，业务部门仍然油盐不进，自己也很为难，只有反过来请示老板，"您怎么说我们就怎么做呗"。这里里外外的，不就是自以为丝滑的"人情世故"吗？

问题的本质是，职能部门不理解业务，它们在最开始就构建了一个"过于简单的决策模型"。在这种模型之下，才引发了后续无数的内部摩擦成本，降低了企业的决策效率。当无数的决策涌向老板时，就算他们再聪明，经验再丰富，态度再勤勉，也很难解决。

强大的中后台职能部门，都是基于对业务分类分级，有一套相对稳定的决策模型。模型的好处是，它可以纳入业务数据，对业务事项最大限度地进行刚性决策，而后，将需要灰度的部分缩小到极致，留给老板。这样的决策，才有效率。反过来说，我们经常看到在某些企业的投决会上，几个职能部门按部就班地"陈述项目"，而后给出不痛不痒、可左可右的决策建议。言下之意：怎么投票，老板您自己定吧。在这种决策模式里，所有的信息很少转化为数据，所有的数据都没有进入一个决策框架，而是抛给老板，让他们用自己的感觉来决策。这怎么行呢？

"模型化"的变革方向已经清楚，但问题是，有几个职能部门愿意去研究所谓的"模型"？就模型而言，先别说资源如何配置了，对业务的理解首先就是一个难题。不理解业务，又如何对业务分类分级？不对业务进行分类分级，又如何决定资源配置？

趋势 2：风控化，控制风险阈值

风控是中后台职能部门最喜欢主张的自我价值，但事实上，绝大多数中后台部门对风控的理解都非常浅薄，或是真不理解，或是故意不理解。

所谓风控，都是有成本的，不能以控制住所有风险作为目的来实施风控，因为这样一定会让企业在频繁"踩刹车"中"翻车"。真正的风控，要把握可能的损失与成本之间的平衡点，一旦为了10元钱的可能损失而投入20元钱的风控成本，那这种风控就不如不做。

现在大多数企业的职能部门就是**"无限前置风控"**，公关部门对外批发公函，法务部门对内无限审核，人力部门严守编制，财务部门死磕预算……仿佛不这样做就显得自己不尽心似的，其实，这是典型的用动作上的勤奋掩盖思维上的懒惰。这和"一刀切"政策在本质上是一个路数。

但你放心，如果用这种观点来抨击他们，他们又会振振有词——你们知道这里面风险有多大吗？他们还会绘声绘色地讲出若干的恐怖故事，好像没了他们企业马上就做不下去了。他们的目的很简单，他们并不想把"可能的损失"和"风控成本"算清楚，他们希望公司随时进入戒严状态，此时他们权力最大。

合理的风控，也应该基于风险的分类分级，有一套稳定的风控模型。

其一，要识别风险。风险在不在，有多大的概率发生，这个不能凭一张嘴加几个恐怖故事就识别了。必须基于数据，按照不同的风险刻度进行归集。具体来说，风险刻度也应该根据实际情况进行定期或不定期调整。所谓的"风险阈值"，就是风险升级的刻度。

其二，要基于不同的风险事件，匹配不同的风控手段。举例来说，存在巨大风险的事项一定要前置审核；但存在较小风险的事项可以报备，以供后续查验。再举例来说，存在巨大风险的事项要拔高决策层级，但存在较小风险的事项则可以降低决策层级。

在这个模型中,每个级别的风险都匹配了最合理的风控手段,不同风险级别代表可能发生的损失,而不同风控手段代表了必然会发生的成本。风控模型里的——对应关系,是算好了"风控投产比"的结果。

不知道老板们有没有意识到,要真想在不干扰业务的情况下做好风控,办法太多了,只不过,大多数中后台职能部门认为"踩刹车"是最简单的方式而已。

趋势3:产品化,提供弹药

我说过,中后台职能部门的定位有两个,一是制定和维护规则,可以理解为"建立秩序";另一个是赋能一线,可以理解为"提供弹药"。如前文所言,大多数企业的中后台职能部门都不会选择强调第二类定位,久而久之,这种定位就在上上下下的默契中被阉割了。

何谓阉割?定位和职责里有,但考核里没有。考核"建立秩序",这是软考核,很容易通过;而考核"提供弹药",这是硬考核,难度可观。老板和分管副总如果没有想清楚如何考核后者,又在设置绩效计划时心一软,很容易形成这种对职能部门的阉割。而一旦这种考核成为约定俗成,企业不通过组织变革,就很难扭转职能部门的运作方式。

还好,有的企业在经营压力的倒逼之下,已经开始"向职能部门要效益"。它们的思路是,要考核中后台职能部门的效能,也就是说,要考核它们使用了多少资源,产出了多少业绩。再说得直白一点,老板已经不想听"屏蔽了多少风险""没有我们会出大问题"这类恐怖故事了，他们要的是中后台职能部门能对财报有所贡献。

具体来说，这种考核方式分为两类。

对于成本中心，企业改变了绩效计量方式，要求直接计量其对于前台的价值贡献，也可以形象地理解为对前台提供的弹药，例如，研发考核有效研发贡献值，采购考核可控材料成本降幅等。这种体现在财报上的绩效，再除以人财两类投入，就形成了人效和财效的数据，清晰明了。

对于费用中心，其贡献似乎并没有体现在某个会计科目里，但他们却通过整体资源调配，对公司整体绩效产出有推动作用。于是，考核他们的整体效能就变得合理。例如，财务考核财效，人力考核人效。这些部门为了获得更高的效能，必须重新进行资源的合理分配，而且要提供赋能产品，帮助业务部门算好账、花好钱、用好人，这也是提供弹药。

这个变革方向，比让职能部门 BP 化更难，有些力推中台的企业曾经尝试过，但这类企业的中台提供的"弹药"实在是不接地气，已经失去了赋能的价值，甚至我愿意将其戏称为"官僚式赋能"。有没有企业做得好？有，但不多。

趋势 4：BP 化，走向一线

最简单的一个道理：中后台职能部门如果不懂业务，就无法赋能业务。而要让他们懂业务，首先就要让他们看业务、学业务。正是基于这个质朴的理由，一些业务环境迅速变化的企业（大量是互联网企业）开始让职能部门派出 BP 进入业务部门，赋能不赋能的另说，先到业务里去，至少能和业务先沟通起来，如图 14-2 所示。

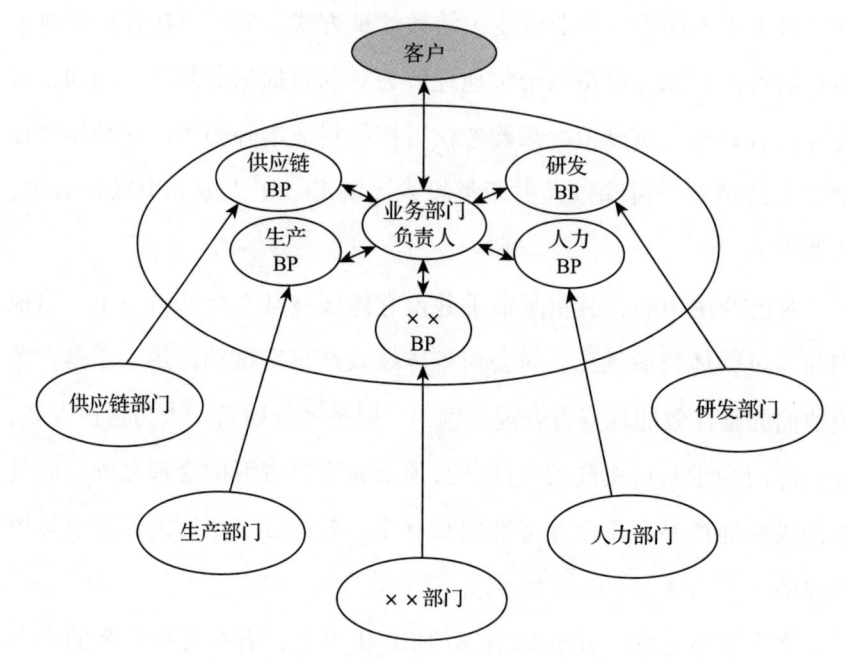

图 14-2 职能部门派出 BP 赋能业务

资料来源：穆胜咨询。

这些企业完全有理由这样做，因为它们的业务变化太快了，如果职能部门还在庙堂之高，不懂一线，那么它们就会本能地用自己的"专业""模型""政策"来踩刹车，结果自然就是让企业变得无比笨重，直接退出竞争。当 BP 们进入业务场景，至少保证了大家对齐信息，避免了在不信任的前提下进行博弈，效率自然提高了不少。

当然，实施这种举措的老板还有自己的小心思。一位百亿营收的老板私下告诉我："就算他们不能用专业赋能一线，也可以去做业务，我就相当于减少了中后台编制，增加了前台编制，也很划算呀！"其实，大多数老板的想法都和他一样，大家可能对中后台 BP 赋能一线并没有抱太大的希望。

但这种陈旧的思维无疑是错误的，如果他们真的这样想，就根本不应该设计任何职能部门。事实上，这类老板往往也是最心急的，只要把 BP 派下去，就会要求 BP 发挥"小合伙人"一样的功能；而一旦发现这些 BP 没有达到要求，又会无比失望并严厉批评，丝毫不给任何支持和成长空间。在这种领导环境里，BP 不是"光荣下派"，而是被"流放"。

BP 化一定是个好趋势，但在这个趋势上，真正走向正途的企业都在研究 BP 的赋能方法。换句话说，在 BP 被下派之初，就应该研究好他们融入业务之后的标准动作，为他们准备好赋能工具。但目前为止，我们观察到这么做的标杆只有两个半。

走向组织的终局

显然，要推动中后台职能部门走入以上趋势，企业必须策动一场组织变革。如果它们足够幸运，最终能够彻底改变职能部门的运作状态，企业最终会走入什么组织模式？答案是我一直推崇的"平台型组织"。

要让一个企业从金字塔组织变成平台型组织，关键要解决员工的"责、权、利、能"这四大要素，这些举措合并为三大变革。

其一，重塑组织结构，也就是重新定义"责"和"权"。这将改变指挥条线，让小业务团队甚至个体开始以客户为中心，让听得见炮声的人来决策，让前台调动中台再调动后台。

当我们通过"BP化"，让职能部门的人员进入业务部门（再配合激励和赋能等机制），职能部门的弹药就会通过这个关键的"连接点"顺利地被输送到前台。企业里的作风就会从"听领导的"，变成"听市场的"。不仅如此，当我们通过"模型化"让企业的决策变得更加高效，通过"产品化"让资源的输送达到交付级别，前台几乎可以达到资源"随需调用"的状态。

其二，重塑激励机制，也就是重新定义"利"。这将改变指挥条线上每个节点的利益分配方式，让人人都为自己打工。

"模型化"基于业务的分类分级，会精准甄别出员工的贡献，让激励政策更加精准；而"风控化"则让员工感知到明确的行为边界，可以发挥创造力，放手做事，去创造经营价值并获得分享。

其三，重塑人才供应链，也就是重新塑造"能"。平台型组织对于个体能力的要求是极高的，因此，试图转型平台型组织的企业无一例外都会发现自己的人才缺口，于是会要求打造出高效率和超稳定的人才供应链。

"产品化"让资源和知识能更好地赋能于员工，让他们迅速进入经营者的状态，而"BP化"则让职能部门的专业高手成为前台业务人员的私人教练，组成冠军阵容。

有没有发现，这样的平台型组织实际上形成了一个反浪费的动力机制——**费用成本化，成本收入化**，而这种动力机制在提升效能上威力十足。因为中后台的职能部门必须提升输送资源的效能，尽可能地让费用变为成本，尽可能地让成本变小；而前台在拿到了成本形成的弹药后，必须用它们来尽量多地打粮食，即实现收入，他们也在为效能负责。

不得不说，谈及调整组织模式或转型平台型组织，老板们是有压力的。这个事情对他们来说太大、太难、太久，所以，他们在对概念无比兴奋之余，大概率都是选择一点意图速赢的小尝试，而后迅速放弃。

但如果在充满不确定性的环境中谈到"效能管理"或者"人效管理"，老板们是有感觉的，因为这事关他们能否极限生存。进一步，我们将效能的病灶锁定在中后台，要求职能部门转型，他们也是有感觉的，毕竟这类浪费每天都在他们身边发生。

而当职能部门的这类转型实现以后，老板们蓦然回首会发现，企业已经转型成了平台型组织。兜兜转转，犹犹豫豫，磨磨唧唧，原来正确的路只有一条。早知如此，还不如一开始就破釜沉舟呢！有时，作为咨询公司的我们，拼的不仅是项目里的专业知识，还有把客户老板们拉入正确道路的"语言艺术"。

附录

附录 A　清理企业内的六种浪费

当企业重新锚定了战略,并重新设计了组织,它们就有可能进入极限生存状态。这种状态之下,它们应该运用战略和组织这两把标尺,马不停蹄地采取清理浪费的各种行动。这些行动带有极强的速赢(quick win)性质,其目的在于为企业快速"止血"。早一天止血,企业就多一点生存的概率,也才会更有机会谋划未来。

我们一定要明白,即使在一个提倡厉行节约的商业环境里,浪费仍然在大肆发生,因为外部吹来的寒风无法改变组织内部的运作。它只是一个催化变革的契机,而非答案。

很多人可能不相信——我们已经降本增效到极致了,根本没有什么水分,怎么能说还有浪费呢?很多人可能反应激烈——再压缩成本费用,公司的正常运作肯定会受影响,乱砍支出,动了大动脉怎么办?更有人言之凿凿——别砍了,原来和谐的氛围多好呀,这样下去,士气都没了,怎么打仗?

这些顾虑成为企业按兵不动的挡箭牌,自然也让降本增效虚晃一枪,半途而废。其实,不少倒下的企业,直到倒下那一刻,老板可能都没把这些细账算清楚。这不是开玩笑,而是商业社会里活生生的黑色幽默。

企业有没有算细账，不看老板挂在嘴边那些"降本增效""厉行节约""二次创业"的口号，也不看老板带着高管主动降薪、奉行"两菜一汤"的动作，只看他们是不是在意几类浪费。

企业如果有心行动，不妨问自己以下六个问题。

问题 1：有没有"内耗式"产品或业务还在恋战？甚至要求投入兵力？

每个企业的营收都由不同的业务组成，有些业务体量不小，看起来挺风光，但实际上是"内耗式"的。什么是"内耗式"产品或业务？是那种成本巨高，营收太低，毛利微薄的。更有甚者，由于市场内卷，客户要求不断提升，成本急速上升，而营收（售价）则在急速下滑，毛利倒挂指日可待。

成熟市场的内卷是必然的，降价本身也是强者"清场"的手段，但问题是，企业要理性审视自己究竟是不是强者。如果没有核心竞争力的支撑，还要强行玩这种内耗游戏，其实就是"自杀"。即使企业发现了这种内耗，想要叫停，但这类业务的负责人也会强力反对，他们会夸张地主张这类业务所谓的"前景"，还要求企业投入更多的兵力。这种执念也很好理解，即使是内耗式业务，也是业务负责人的地盘，耗的是公司，又不是他们自己。

问题 2：有没有开拓期的产品或业务还在讲故事，但却一直没有走上正轨？

在充满红利的时代，不少企业都布局了新兴业务，这些业务前景与风险都不小，属于企业"余力"之内的尝试。但随着经济系统中的不确定性增加，这些新兴业务的前景开始不明，风险开始显现，不是说绝对不可能成功，只是性价比变低了。这意味着企业可能要"有所为有所不为",聚焦火力来攻克最有成功概率的新兴业务。

有意思的是,每当企业想下这样的决心,就会发现所有业务都在讲故事,都说自己就差"临门一脚",需要公司大力扶持。即使业务始终不见起色,业务负责人也不愿下牌桌,还要求公司和他一起豪赌。当然,公司投入的是真金白银,而他投入的是一两段激情表演。

问题3:有没有费用支出是刚性的,并且不关注费效比?

费用是不能进入成本的公摊,它没有变成产品,只是支持了公司的日常运营。费用的效能(即费效比、投产比)很难核算,很多企业也不习惯核算。所以,一旦企业常年有一笔费用支出,那这笔钱的大部分都会被浪费掉。

我们会发现,即使企业掀起了一轮轮的"降本增效"活动,还是有些费用始终在刚性支出。你说它们没用,一群使用这些费用的人站出来坚决反对,还会加油添醋地告诉你这笔钱不花会有什么危害;而当你转而问它能产生什么效果、费效比如何时,没有任何人敢承诺一个数字。

问题4:有没有"藩王式"将领在不顾大局、无原则地维护自己的地盘?

有没有发现,即使市场寒冷,企业没有太多的业务机会,却仍有业务部门负责人拒绝削减预算。他们暗含的假设是,部门是自己的地盘,预算是自己的利益,一点儿都不能少。他们还有个非常短期主义的心理——企业的未来是明天的事,我们部门的预算是今天的事;企业的未来是老板的事,我手里的预算是我的事。

大局?不存在,这么多业务部门,要砍先砍别人。什么?别人都在砍？那我们部门也不能砍！我们有我们的特殊情况，需要公司的关心；我们这里是大动脉，需要公司用心呵护……

问题5：有没有无效后台部门依然在循规蹈矩、不思进取？

这类后台部门除了跟着老板大喊几句"降本增效"，工作作风依然是满口大词，不接地气，他们做的事情依然产生不了直接或间接的经营价值，但却从来没有想过要改变。

他们不停地主张自己作为行政机构存在的意义，找到细枝末节的任务，套上无比伟大的意义，来显示自己对于公司的重要性。一旦老板或高管提到的任务超出了他们原有的舒适区，就会遭遇他们明里暗里的强烈反对，总之，有一万个理由拒绝改变。

问题6：有没有低绩效员工碌碌无为但又惶惶不安？

在经营压力之下，企业都会减负前行，所有人都会关注自己是否会在"减负"中被放弃。但有一个规律是，越是碌碌无为的人，越是惶惶不安。他们会四处打听，交头接耳，不停在公司传递负能量，正事反而越做越少。而为公司实实在在创造业绩的奋斗者，很清楚自己的价值所在，他们不是不担心前途，而是在忙碌中很快把心绪重新聚焦到做事上。严苛的商业环境传递的寒意，其实很简单地帮公司分离出了两类员工——"奋斗者"和"划水的"，这比那种走形式的绩效考核更管用。

试想，如果企业针对上述六个问题背后的浪费都采取行动，必然能得到"止血"的效果。甚至，它们会惊讶地发现，单单这些"止血"的效果，已经能让企业获得极大的生存空间。老板们会感叹：**原来的纠结，居然造成了这么大的浪费。**

附录 B　低效职能部门的十二个特征

基于中后台职能部门低效运作、影响组织效能的话题，穆胜咨询在 2024 年深度采访了 15 家中大型企业，尝试总结提炼了这些老板（一把手）眼中应该"整治"的中后台职能部门的特征。

1. **只踩刹车**——将自己定位为规则制定部门，频繁踩刹车，而不踩油门，只会说"这不行"，不会说"怎么办"。

2. **远离业务**——一旦提到要给业务部门赋能，就会选择性地视而不见，即便被老板强行要求下派 BP 到一线，也是换了一个地方继续做以前做的官僚工作。有人甚至身背着 BP 的头衔也从来不到一线去，主打一个油盐不进，从来没有想过要学习业务、融入业务。

3. **一拖到底**——一旦提到要转型为赋能型职能部门，他们就会对这个转型方向无比认同，甚至还会跟着喊喊口号，但同时会强调这种转型需要一个"漫长的过程"，主打一个"拖字诀"，给老板抛出"分段失望法"。实在逼急了，他们又会反驳这只是个概念，现阶段肯定做不到。

4. **借口多多**——一旦提到要转型为赋能型职能部门，他们就会推说有各类其他的重要工作，推说自己部门人手不够，推说自己已经在努力学习推动"业 × 融合"了。

5. **过度包装**——为了回避转型为赋能型职能部门,他们会把本来不产生价值的事务性工作做得无比复杂,包装得无比光鲜,仿佛不做这些工作,公司明天就活不下去了。

6. **戏精附体**——他们会强调自己的苦劳和委屈,强调自己做了很多有价值的工作,但这些价值没有被看到,没有被理解。他们还会将部门优秀员工的付出作为案例,来佐证自己部门的委屈,仿佛整个部门都是这种优秀员工。

7. **叠穿"黄马甲"**——他们喜欢收集各类上级政策,包括国家政策、行业政策、集团政策、老板"口谕"(甚至是老板随口一说的话),一听到类似的政策就兴奋。他们会将这类政策作为自己的"尚方宝剑",矫枉过正地套用在自己的管控上。在任何想要向业务部门释放官威的场景,都会很威严地问道:"你们懂不懂政策?"

8. **卡牌大师**——从来不一次性将政策讲清楚,你问他们,也只会得到含糊其词的答案,他们只会等业务部门"踩线"后亮红黄牌,化身企业里的"卡牌大师"。在亮了红黄牌后,还会威严地质问:"哎哟,你们从来不学习政策吗?"

9. **杀鸡儆猴**——喜欢通过亮红黄牌来树立自己的威严,抓准一个典型、套用一个政策,就会把这个案例无限放大,一段时间会弄一个案例,彰显自己的存在感。

10. **散播恐怖**——喜欢讲恐怖故事,喜欢收集企业内外的负面案例,并渲染式地进行呈现。故事越恐怖,老板越害怕,越会让自己管严点,自己越有权力。

11. **授权洁癖**——一旦谈到要给业务部门授权,就会借口业务复杂、说不清楚，从而全力维持"一刀切"政策。他们清楚，一旦将业务分类分级，就必然需要将低级业务授权下去，这就侵占了他们的领地，绝对不行！

12.**流程内耗**——如果企业做流程再造，他们是最喜欢在流程里放审核节点的部门，管他需要不需要，都放进去。这样一来，他们就有了更强的流程控制能力，有无数小将将控制审核节点，挡在部门长身前。部门长要想卡一个流程，小将先行，太简单了。

穆胜作品

人力资源效能
ISBN：978-7-111-67724-6

人效管理
ISBN：978-7-111-71701-0

平台型组织：释放个体与组织的潜能
ISBN：978-7-111-66761-2

重构平台型组织
ISBN：978-7-111-70288-7

激发潜能：平台型组织的人力资源顶层设计
ISBN：978-7-111-62864-4

创造高估值：打造价值型互联网商业模式
ISBN：978-7-111-64263-3

查尔斯·汉迪管理经典

当代极具创见的组织行为大师
管理哲学之父 新秩序的预言家 伦敦商学院创始人
查尔斯·汉迪
解答"组织和个人如何可持续发展"的问题

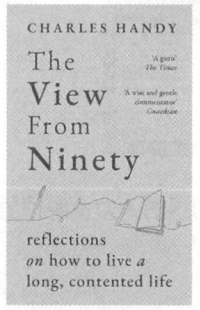

第二曲线
跨越"S型曲线"的二次增长

拥抱不确定性
新经济时代的商业法则

成长 第二曲线
跨越S型曲线持续成长

非理性时代
工作与生活的未来

大象与跳蚤
预知组织和个人的未来

空雨衣
个人与组织的精准定位

理解组织
（原书第4版）
全球畅销100多万册

The View From Ninety
reflections on how to live a long, contented life

CHARLES HANDY

汉迪生前最后一本书
预计2026年1月出版